固定資産税を取り戻せ!

Get Your Taxes Back!

週刊エコノミスト・編

JN144658

毎日新聞出版

まえがき

我が家にも6月、東京都から固定資産税の納税通知書が届いた。毎年のことではいえ、改めてしげしげと眺めてみると、固定資産税の税額はある意味、「絶妙」な金額であることに気づく。

それは、決して誰にとっても軽くはない金額ではあるが、税額に誤りがないかどうか手間をかけて調べようと思うほどの額ではないということだ。

納税通知書と一緒に届く課税明細書を見たことがある人は、みな同じ思いを抱くだろう。「課税標準額」や「負担水準」「小規模住宅用地」といった特有の専門用語がずらりと並び、目がクラクラとしてくる。税額を検証するには、これらの専門用語の定義をまず一つ一つ頭に入れなければならないが、その段階でもう、あきらめてしまう人が大半ではないだろうか。

さらにやっかいなのが、税額算出の基となる「固定資産税評価額」だ。この評価額が違えば、税額にも影響が出る。しかし、課税明細書には評価額そのものしか載っていないため、評価額が正しいのかどうかは課税明細書を見ただけでは分からない。評価額を本気で見直そうと思えば、土地や建築の知識も欠かせず、気が遠くなるほどの時間と労力が必要になる。

固定資産税は、納税者が自ら税額を申告する所得税や法人税とは異なり、市町村が税額を決めて納税者に通知する「賦課課税」方式の税だ。賦課課税である以上、納税者側が容易に検証できる仕組みが必要だが、固定資産税の実情はあまりに程遠い。納税者に検証をあきらめさせるため、あえて複雑にしているのではないか、とすら思えてくる。

税の三原則は「公平・中立・簡素」といわれるが、固定資産税の課税の実情を見る限り、いずれの原則にも当てはまっているとは思えない。おそらく、固定資産の評価方法を決めている総務省の役人ですら、自らの固定資産税額をしっかり確かめている人はほとんどいないだろう。複雑なあまり、ほとんどの納税者が行政側の「言い値」で納税しているのが実際で、そうした危うい前提のうえに成り立っているのが固定資産税の制度なのだ。

その裏側で、市町村による固定資産税の徴収ミスも、毎年のように全国各地で起きている。自治体が誤りを認めるケースはまだましかもしれない。納税者が固定資産税の検証をあきらめている結果、ミスに気づかないケースはおそらく相当数にのぼるのではないか――。

こうした問題意識に立って『週刊エコノミスト』は、2016年6月7日号で固定資産税をテーマに特集を組んだ。

固定資産税は書店でも一般向けの平易な解説書は数少なく、他の経済誌でもこれまで固定資産税をテーマにした特集は見当たらない。一種の冒険ではあったが、発売後は固定資産税に悩む読者から驚くほど多くの反響が寄せられた。

特集では極力、平易な固定資産税制の解説を心がけるとともに、行政による固定資産税評価のずさんな実態や、税制そのもののあり方にも踏み込んだ。自治体OBらによる関係者の「匿名座談会」では、固定資産税評価の裏側などが赤裸々に語られている。

また、米国や英国とも比較し、固定資産税評価の情報開示が遅れていることも指摘した。自分の固定資産税が取られすぎていないか不安な人は、ぜひ今回の書籍にも盛り込んだ「3つのチェックポント」などを参照してほしい。見直しの参考となるよう、実際に固定資産税が誤っていたケースもなるべくたくさん紹介することにした。

編集部に寄せられた悩みの多くは、固定資産税の悩みや疑問を行政側が真摯に取り合ってくれないというものだ。面倒だからなのか、新たなミスの発覚を恐れているのか、または知識がない納税者の足元を見ているからなのか。できれば門前払いしてしまおうという、行政側の対応の問題点も浮かび上がってきた。

中古物件の流通促進など不動産取引の活性化を目指す日本にとって、不透明な固定資産税の制度は取引の障害になりえてしまう。

また、過疎化する地方では所有者不明土地が増え、固定資産税の課税が困難なケースも少なくない。地域の行政サービスの対価として固定資産税をどう課税するかは、今後の日本の隠れた大きなテーマだ。

少なくとも現行の制度が続く以上、納税者は自己防衛するしかない。

書籍化に当たっては、特集発刊後に問い合わせや反響のあった読者の体験談などを追加取材して再構成した。それでもまだ〝取られ過ぎ固定資産税〟の実態や計算ミスは氷山の一角だと思う。

この本を手にとって自身の体験を伝えたい、こういう疑問があるという方がいたら是非編集部に連絡してほしい。特集の第二弾、第三弾も検討していきたいと考えている。

２０１６年７月

金山　隆一（週刊エコノミスト編集長）

固定資産税を取り戻せ！

目次

第二章　早わかり！　固定資産税と把握したい重要項目

第三章　固定資産税を取り戻す方法の実例

装丁／岩瀬　聡
カバー写真／ゲッティ・イメージズ
レイアウト／タクトシステム

第一章

誰も知らない　正しい納税額

1　複雑怪奇な固定資産税
納税者も気づかずミス長期化

桐山友一／種市房子（編集部）

毎年6月ごろとなれば、固定資産税の納税通知書が届く時期だ。土地や建物などの固定資産を持つ人や会社にとっては毎年の定例行事。しかし、その税額は本当に「正しい」ですか――。

固定資産税は市町村（東京23区は東京都）が課税するが、今年も各地でミスが相次いでいる。札幌市は2016年3月、固定資産税の課税ミスが37件、合計で4571万円を過大徴収していたと発表。最大では689万円を徴収しすぎていたケースがあり、医療機関との併用住宅で1976年度以降、40年近くにわたってミスが続いていた。同市の包括外部監査をきっかけに徴収ミスが判明し、市の全データを照合して他に同様の誤りがないか調べたという。

　また、茨城県河内町でも16年3月、05年度以降の11年間にわたって808人から6758万円を過大徴収していたと発表。秋田県三種町では同年2月、グループホームやアパートなど共同住宅18件で96年度以降、20年間に729万円を過大徴収していたことが分かった。こうしたミスの多くは、「住宅用地の特例措置」を適用していなかったことが要因だ。人が居住する住宅用地なら大幅に税負担が軽減されるが、「担当者の理解不足」（河内町）などで見過ごされたままになっていた。

　徴収ミスは納税者の人生も大きく狂わせる。埼玉県新座市では14年6月、当時60代の夫婦が住んでいた住宅の固定資産税で、86年度から27年間、住宅用地の特例措置を適用せずに過大徴収していたことが判明した。しかし、判明したのは夫婦の自宅が差し押さえられ、公売に掛けられた後。滞納していた税額や延滞金約800万円を夫婦が納められなかったからだ。住宅を落札した不動産業者からの指摘でミスが分かったというが、もはや後の祭りでしかない。

課税実態のブラックボックス化

固定資産税は納税者が申告するのではなく、市町村が土地や家屋の評価額を決め、納税者に税額を通知する「賦課課税方式」の税だ。だが、税額などに誤りがあった場合、今回の札幌市のように全期間にわたって還付する例もあるものの、一般的に還付されるのは地方税法で請求権がある過去5年分のみ。財産コンサルティング会社、青山財産ネットワークスの高田吉孝氏は「固定資産税は納税者自身が誤りに気づかない限り徴収ミスが長期化し、税を納めすぎても返ってこない怖さがある」と指摘する。

毎年のように続く固定資産税の徴収ミスだが、氷山の一角の可能性が高い。判明したのはあくまで〝気づいたミス〟で、誰も気づかないまま税を払い続けるケースも相当あると見られる。市町村が固定資産税の税額を算出する過程では、いくつもの複雑な計算を経なければならず、計算ミスが生じる余地は十分にある。また、土地や家屋の価値（固定資産税評価額）を評価する際は、市町村の担当者の裁量も影響するが、それらが誤っていないとも限らない。

住宅用地の特例措置の適用ミスは税額への影響が大きいために公表されたが、そもそも全国でどの程度、ミスがあるのかを知るのは困難だ。全国的な定期調査はないうえ、東京都でも固定資産税のミスや還付の統計は取っていないなど、自治体単位ですら判然としない。「ミスをどう定義するかが難しい。課税後に納税者から（土地の用途など）事実関係が変わったという申告を受けて還付する、ミスとは呼べない例もある」（東京都資産税部）と説明するが、納税者には課税の実態があまりに見えにくい。いわば「ブラックボックス」のような存在になっているのだ。

土地評価方法に音を上げる自治体

さらに、固定資産税はその仕組みがあまりに複雑なため、納税者が誤りに気づくのは至難の業だ。

東京都大田区の住宅街。道路から脇道をたどって奥へ約20メートル入ると、周囲を住宅などに囲まれた約２００平方メートルの空き地がぽっかりと現れた（**写真**）。脇道と空き地は柵で隔てられ、自由に行き来はできない。脇道と空き地の所有者も別だ。この空き地をめぐって、東京都は「私道に接する宅地」と評価。固定資産税評価額に基づく課税標準額（税額算出の基となる金額）を約１３００万円とし、15年2月にこの土地を取得した不動産開発業者に、課税標準額を基に不動産取得税約40万円を課した。

しかし、不動産開発業者は納得がいかない。この土地は接する道路のない「無道路地」と解釈。無道路地として評価すれば課税標準額は約３００万円、不動産取得税は約9万円になると考え、都に対して異議を申し立てた。課税標準額の違いは毎年の固定資産税額にも影響し、都の評価に基づけば固定資産税額は約18万円だが、不動産開発業者の主張なら約4万円と大きな差になる。こうした土地の評価方法などを理解しなければ、争うこともできない。

評価をめぐって争う空き地（東京都大田区）

複雑な固定資産の評価方法に、自治体側も音を上げ始めた。東京都は16年4月21日、建築や不動産評価の専門家らをメンバーとする「固定資産評価に関する検討会」を発足。床面積10万平方メートル以上の大規模な複合施設について、建物（家屋）をより簡易に評価する方法がないか、見直す検討を始めた。固定資産の評価方法は全国一律で決まっており、都に評価方法を見直す権限はない。それでも、16年度中には具体的な見直し方法をとりまとめ、国に評価方法の見直しを提言する方針だ。

税額見直す不動産投資信託（ＲＥＩＴ）

現在の建物の評価方法は、購入時の価格や建築工事費ではない。構造や材質、使用量などを基に細かく積算する「再建築価格方式」で、それもオフィスや商業施設、ホールといった用途ごとに細かく評価の仕方が異なっている。しかし、こうした大規模物件では、「資材の数が数万点に及び、都が固定資産税評価額を決めるまで2年近くもかかることがある」（東京都・主税局長）。見直しが実現すれば、64年度に再建築価格方式を採用して以降、実に半世紀ぶりの転換になる。

自治体すら音を上げる評価方法に、納税者側が容易に納得するはずもない。オフィスビルや物流倉庫など大規模な不動産を保有するＲＥＩＴ（不動産投資信託）は今、保有物件の固定資産税額の見直しを積極的に進めている。ＲＥＩＴの投資家から、保有資産の価値や収益性を厳しく評価されるためだ。建物の材質などを評価額の根拠と照らし合わせ、評価額が正しいかどうかを検証。保有物件の評価額に誤りがあれば、納めすぎた税金が還付されるうえ、毎年の固定資産税額も大きく変わりうる。

各ＲＥＩＴの決算資料によれば、日本ビルファンド投資法人が13年6月期に約2億円、ジャパンリアルエステイト投資法人は15年3月期に約２０００万円の還付を受けている。

また、パナソニックや大手私鉄などの事業会社にも固定資産税を見直す動きが広がっているが、ある私鉄は「自治体と表立って対立したくない」と取材には及び腰。メーカーや私鉄は数多くの土地・建物を保有するが、自治体と対立すれば「保有物件をすべて厳しく評価されるのでは」という懸念も付きまとう。

地価が下がっても税収「安定」のワケ

固定資産税は市町村税収の4割超を占める重要な財源だ（24ページ**図1**）。

図1　固定資産税は市町村税収の4割超
（2016年度地方財政計画額）

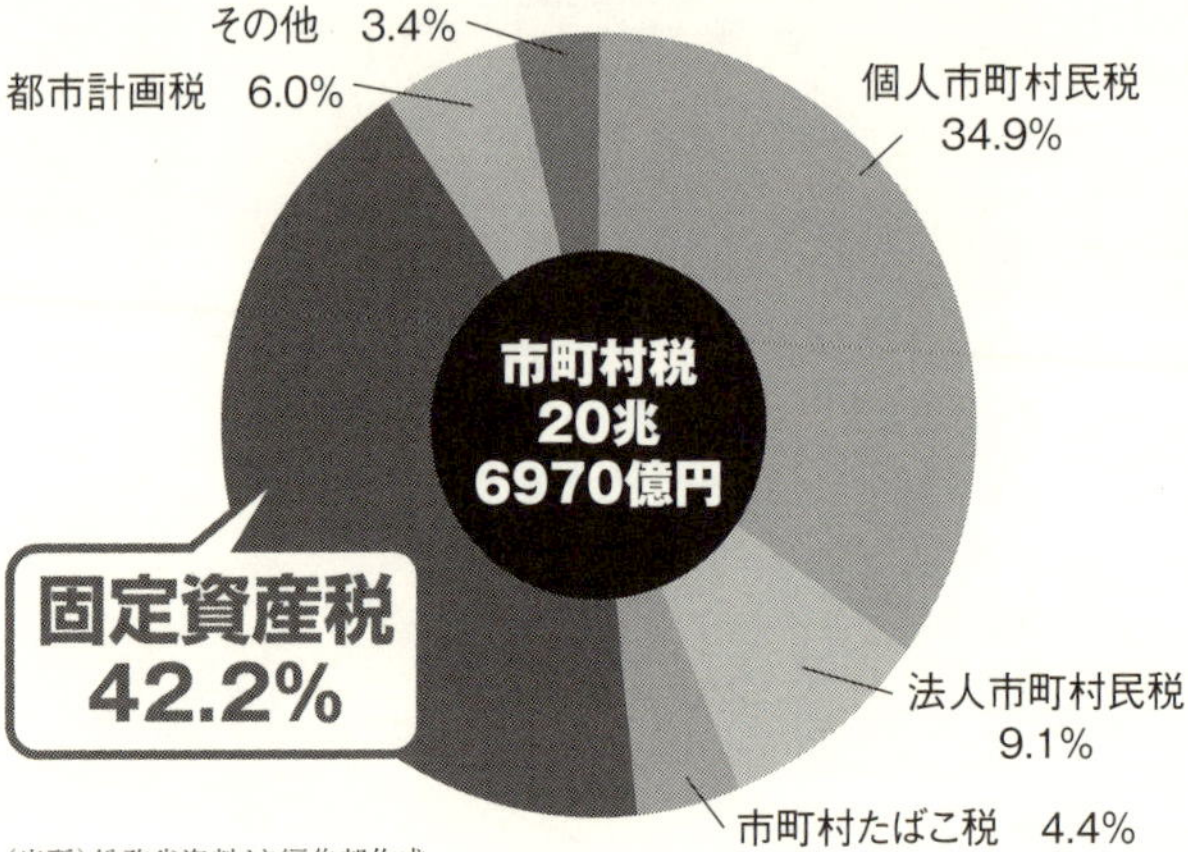

（出所）総務省資料より編集部作成

景気変動の影響を受けやすい市町村民税に比べて税収が安定しているのが特徴で、ここ20年ほどは9兆円前後で推移する（**図2**）。

地方税法上は固定資産の「適正な時価」に対して税率を掛ける建前で、固定資産税の標準的な税率1・4%は約60年間も変わらない。地価が下落する中でも土地からの固定資産税収は3・5兆円前後で不変だったりするのは、税収を安定させる調整や補正などがさまざまに絡み合っているからだ。

固定資産税を課税する市町村ですら、理解が難しいほど複雑怪奇化した

図2　地価が下がっても土地の固定資産税収は安定
（資産別の固定資産税額と市街地価格指数）

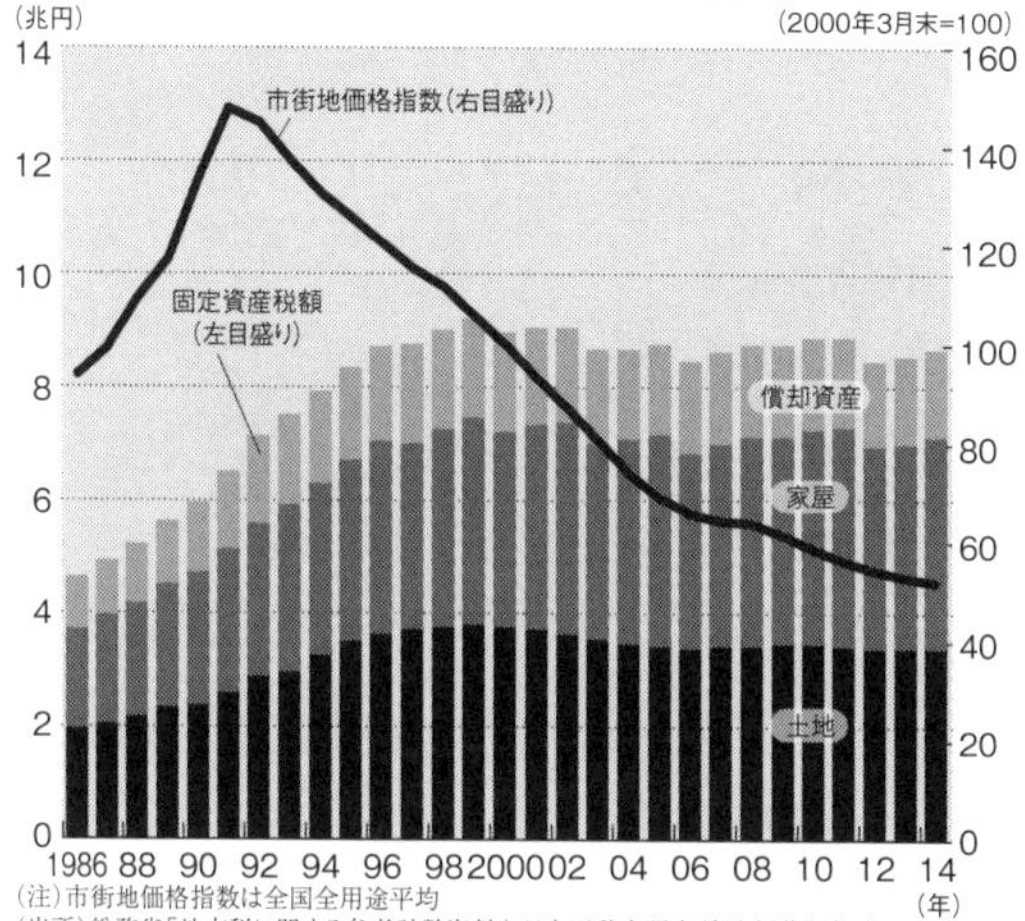

（注）市街地価格指数は全国全用途平均
（出所）総務省「地方税に関する参考計数資料」、日本不動産研究所より編集部作成

固定資産税。納税者自身が厳しくチェックしなければ、誤った税額がこのまずっと続きかねない。

2　固定資産税専門税理士が少ない理由

種市房子（編集部）

「国際税務なら当事務所へ」「相続税の相談ならばお任せを」――。得意・専門分野をアピールする税理士は多いが、固定資産税分野を専門にする税理士は少ない。なぜか。

大きな要因は、税務ビジネスが限られているからだ。法人税や所得税は、納税者が算定して納める「申告納税方式」。税理士にとって、申告納税を手伝うビジネスの裾野は広い。一方で、固定資産税は、行政が課税額を算定して通知する「賦課課税方式」。税務ビジネスは、決定された課税額を検証するモデルに限られる。法人税などの申告業務に比べて需要は少ないのだ。

需要が少ないので「固定資産税を極めよう」と意気込む税理士のタマゴも現れない。税理士試験は11科目中5科目をクリアすると資格を得られる。簿記論と財務諸表論の二つが必須科目、残り三つは選択科目だ。選択科目の一つである固定資産税の受験者は、15年度は11科目中8位にとどまった。「合格後に実務で使う場がない」と敬遠されたと見られる。そのうえ、試験内容も関連法案の適用や解釈について問われるのみで、実務に必要な評価方法は問われない。勉強してもノウハウが身につかないのだ。

たとえ試験で基礎知識を獲得しても、現場に出れば、建築、土木、不動産鑑定の専門知識も必要で、税理士の独力では限界がある。登記や実測図を見ながら土地の形を確定したり、ビルの設計図を見ながら鉄筋量を計算することは、税理士には負担が重い。近年は、税理士が不動産コンサルタントらと組んで、建物の構造を調べて評価額を検証する固定資産税ビジネスを手がけるケースが増えている。ある不動産コンサルタントは「税理士の能力では、固定資産税額の誤りを見つけるのは不可能」と言い切る。

利幅の小ささもネックだ。固定資産税ビジネスは、還付を受けた場合に報酬の支払いを受ける成功報酬制が主流だ。専門外の知識も動員するので調査には時間を要し、一緒に組む不動産コンサルタントへの支払額も多額に上る。しかし、還付が受けられないと骨折り損に終わる。ある税理士は「最低でも建物の面積が3万～4万平方メートルの規模がないと引き受けない」とこぼす。還付額が年間数千円や数万円の民家では「割に合わない」として固定資産税ビジネスは手がけていない。

土地の評価額が
高すぎない?
「負担調整措置」
って何?
相続税にも
影響する?
住宅用地の
特例措置?
建物の評価額が
下がらないのは?
経年減点
補正?
再建築
価格方式?
画地?

インタビュー

3 片山善博（前鳥取県知事、慶應義塾大学教授）

市町村職員も理解できない複雑さ「パンドラの箱」を開ける覚悟必要

自治省（現・総務省）で固定資産税課長を務めた片山善博・慶応義塾大学教授に考えを聞いた。
（聞き手＝金山隆一編集長／桐山友一／種市房子・編集部）

――固定資産税の制度が難しくて理解ができないうえ、課税する市町村（東京23区は東京都）に不満をぶつけても、まともに取り合ってもらえないという声がほとんどでした。

■固定資産税制は、市町村の担当職員もなかなか理解できないほど複雑怪奇な仕組みとなり、もはや限界を超えています。税制は納税者の理解と納得の上に成り立つものですが、納税者に直接向き合うはずの市町村の担当職員がきちん

かたやま・よしひろ　1951年岡山県出身。74年東京大学法学部卒業後、自治省（現・総務省）入省。95～98年自治省固定資産税課長。98年退官。99年4月～2007年4月鳥取県知事（2期）。07年4月から慶応義塾大学教授。10年9月～11年9月総務相。

と説明できないのです。固定資産税はすべての市町村が課税する普遍的な税で、大量の納税者がいます。ただ、大半の納税者は税理士の世話にもならず自分で納めなければなりません。そうした性格の税はシンプルであるべきで、簡便かつ大量に土地や家屋を評価できる仕組みへと、一日も早く抜本的に変える必要があります。

――なぜこれほど複雑になってしまったのですか？

■固定資産税は特に家屋の評価の仕組みが非常に複雑ですが、もともとは明治・大正から昭和の高度成長期より前の社会情勢を反映した制度なんです。当時は木造家屋が中心で、非木造の建築物は非常に珍しい時代。物件の数もそう多くはなく、ある程度、念入りに評価することができました。それが、都市のあちこちに高層ビルが林立するようになり、評価の仕組みがまったく追いつかなくなってしまったのです。特に、非木造の家屋は詳密な評価基準になっていて、極端なことを言えば、完成した建築物の壁でも壊して中を見ないと評価できないような仕組みです。

――固定資産税評価額の算定根拠など、納税者に対する情報開示も不十分です。

■行政が固定資産税の評価に自信を持てないからでしょう。実際の固定資産税評価では、複雑化した揚げ句に公平性が保たれていない現状があるから、すべてオープンにすればパンドラの箱を開けてしまい、蜂の巣をつついたような騒ぎになってしまうのを恐れています。そうではなく、パンドラの箱を一度開けて、再びゼロからスタートするくらいの覚悟が必要です。

おっくうな総務省

――どうして改革が進まないのでしょう。

■総務省がおっくうだったんでしょうね。固定資産税は市町村税ですが、税制の基本は地方税法で決め、詳細はさらに政令や省令、通知で決めたりします。しかし、現状を変えるのは、かなり大変な作業です。評価の方式を全部変えようとすると、固定資産税が下がる人ばかりでなく、上がる人も出てきます。だからおっくうにならざるを得ないんです。お役所というのは、基本的に事なかれ主義ですからね。

――旧自治省時代の1995〜98年、固定資産税課長を務められました。宅地の固定資産税評価額を全国一律で公示地価の7割をメドに引き上げる「7割評価」が94年に導入され、地価の下落にもかかわらず固定資産税額が上がったりすることで、納税者からの不満が噴出していた時期でした。

■当時、象徴的だったのは、不満を持つ納税者が市町村の役所に行っても、役所の担当者が「私に言われても仕方がない。自治省に聞いてくれ」と答えるほどでした。要するにモラルハザードですね。納税者にも負担だし、役所にとってもかなわない。固定資産税制が信頼感を失って、崩壊状態でした。私は現場の職員が納税者にきちんと説明できる仕組みでなければならないと考え、制度をできるだけシンプル化して分かりやすくしようと取り組みました。

私が課長の時代には、固定資産評価基準の家屋の種類に残っていた「待合《まちあい》」という区分を削りました。待合があったころの社会を反映した制度だったことを表しています。また、固定資産税の納税通知書に課税明細書をつけるようにし、税額の根拠が分かりやすくなるようにもしました。税制を分かりやすくする道筋をつけたはずだったんですが、その後がどうも進まない。さまざまな要望に答えようとして、また複雑化してしまうんです。

――固定資産税の課税は、固定資産を保有すると消防など市町村の行政サービスを受ける「応益性」に基づくとされています。しかし、なぜそれが資産価

値と結びつくのかが分かりません。

■応益性という理由を付けていますが、要は行政にかかるコストをどう調達するか。「必要な金を誰から取るのが合理的か」を考えるとき、やっぱり財産を持っている人から取ろうと。応益性といっても、個々の家がどの程度、行政サービスを受けているかを考え始めたらキリがない。それなら、資産価値で割り振るのが合理的なんじゃないか、という程度のことなんです。

電子化してオープンに

——それならなおさら、ここまで細かく資産を評価する意義はないのでは。

■明治や大正、昭和の初めまでは、豪華な家が建てば、それが有数の税源だったんですよ。豪華な家を建てるのは金持ちですから。そこに目を付けて「お宅の天井はいい杉の板を使っていますね」と、根掘り葉掘り調べることが必要だったという、その程度のことでしかありません。そうした制度が時代に合わなくなっているのに、いつまでも変えられずに複雑怪奇になってしまったのです。

――限られた人にしか理解できない制度にすることで、総務省や市町村の既得権益を守ろうとしているのではという指摘もあります。固定資産を評価する市町村職員も膨大な数にのぼります。

■既得権益を守ろうという意識はまったくないでしょう。私が固定資産税制をシンプル化したときは、むしろ多くの市町村から喜ばれたものです。固定資産税をシンプル化すれば、そこに職員を割かなくても済みますからね。

――固定資産税の標準税率も約60年間、1・4％で不変のままです。

■固定資産税だから、税率も「固定」で変わらないんだと冗談を言う人もいるほどです（笑）。それはさておき、標準税率は戦後、固定資産税収の見込みを立てる計算の際、推定した税率にすぎないんですが、それがそのまま残っています。標準税率以上に問題なのは、固定資産税率は本当は市町村ごとに変えることができるのに、ものすごく面倒がっていること。税率を上げるには納税者への説明責任が伴いますが、国が決めれば説明責任を負わない楽な立場にいられるからでしょう。

米国では自治体の税収は財産税が中心ですが、毎年税率を変えています。来年は学校を新築するから税率を上げようとか、税率が上がるのが嫌なら、新築をやめて修繕にしようとか。そうして納税者との信頼関係が築かれていくのです。東京都は予算が余っている状態ですが、余っているならリオデジャネイロ五輪の視察などに使わず、税率を少しでも下げればいい。そうすれば都議会議員も張り合いが出てくるに違いありません。

――望ましい固定資産税制のあり方は。

■とにかく行政や政治の側が、できるだけシンプルにすること。

そして、納税者が自分の権利の問題として、評価額などがおかしいと感じたら、すぐにクレームを付けられるようにすること。間違っていれば、すぐに過去にさかのぼって修正したりすればいい。特に、固定資産税には特定の期間だけ、自分の課税台帳を閲覧したり、他の土地や家屋の評価額と比較できる縦覧の制度がありますが、なぜ今の時代に電子化しないのでしょう。納税者がインターネットでいつでも自由に見られるようにするべきです。

4　匿名座談会　現場関係者が内幕を語る
ずさんな評価は数知れず　自治体にノウハウなし

（編集部）

固定資産税の誤徴収はなぜ起きるのか、評価手法の見直しはあるのか。現場関係者に語ってもらった。

自治体職員ＯＢ　15年前に超高層ビル群の評価を担当したことがある。30冊もある設計書を見ながら「鉄骨は○階の基礎部分に○本使った」と数値をソフトに打ち込んで積み上げていく単純作業だ。１年かかってやっと１棟のビルの評価を終えた。その後、検算を５回やったが、毎回違う数値が出てきてうんざりした。結局、６回の計算で出た数値の真ん中の数値を取って、評価額として所有者に通知した。でもいまでも所有者から文句は来ていない。

税理士　高層ビルだけではなく、民家の評価額もいいかげんだ。同じ時期に同じ民家を建てても、建物の評価額が自治体によって違う。固定資産税の場合、建物は土地価格とは切り離して単体での評価で考慮する。だから理論的には同じになるはずだ。ハウスメーカーも首をかしげる。自治体で基準にばらつきがあり、算定ミスがあるからだろう。

地方都市職員　正直に言えば、システム入力の際に数値を誤る可能性もあるし、土地の使用目的で解釈の余地はある。そういう場合は所有者からの指摘などで取りすぎた分を適正に還付する。しかし、それを誤りと言われるのは違和感がある。

東京都職員　高層ビルのオーナーらに「評価額の妥当性を検証する」と営業をしている税務コンサルタントが存在すると聞いている。正直に言って困っている。そういうコンサルの助力で実施された還付の件数や具体的なケースが報じられるのはつらい。ミスが大々的に報じられると「うちの物件でも算定誤りが

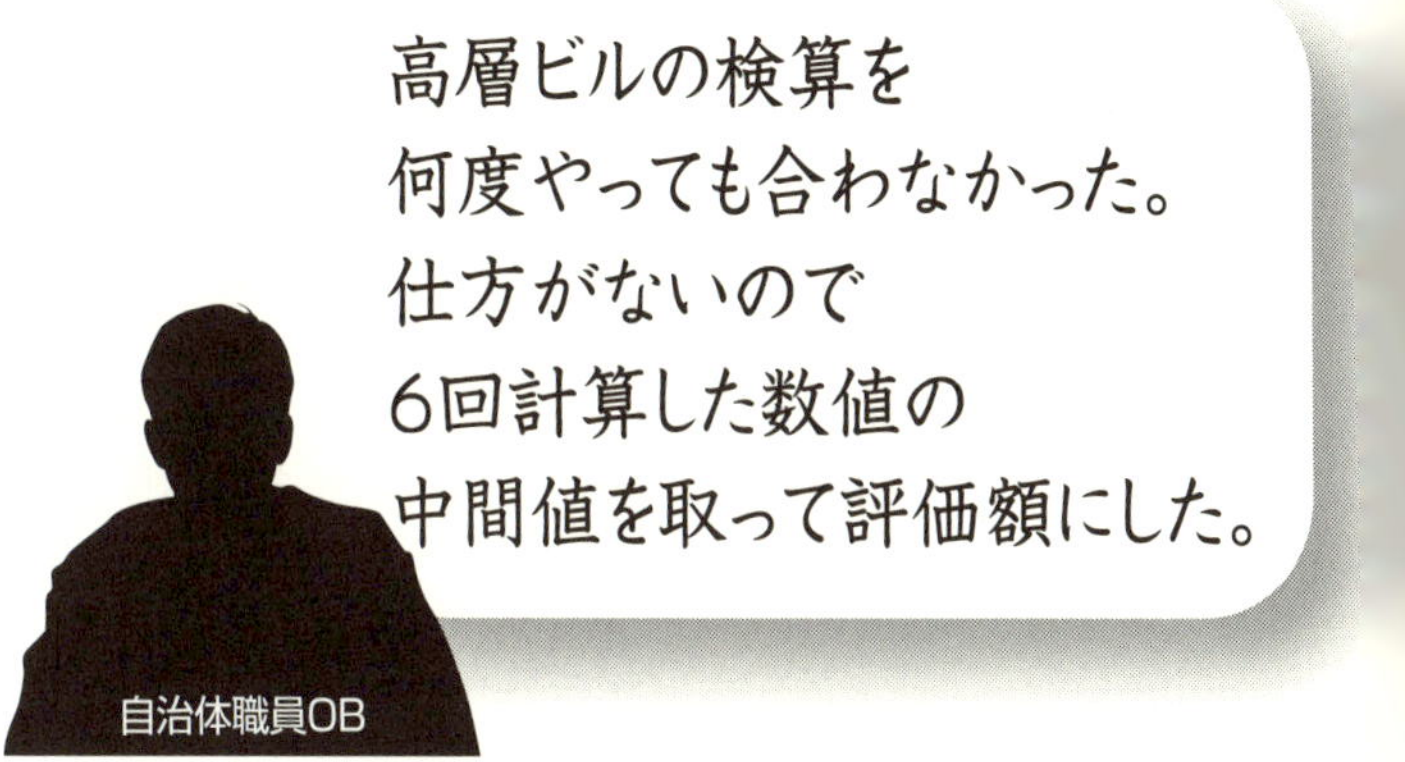
高層ビルの検算を
何度やっても合わなかった。
仕方がないので
6回計算した数値の
中間値を取って評価額にした。
自治体職員OB

あるのでは」と問い合わせが殺到して、仕事も回らなくなる。

還付指南ビジネスとは

税理士　私は払いすぎた固定資産税を取り戻すよう助言をしている。しかし、このビジネスは実入りがよくない。過払い金が還付された場合にのみ、コンサルタント料が入る成功報酬制だ。還付が認められるのは5件に1件ほど。民家の固定資産税検証は、調査する労力に比べて還付金が少なく稼げないので、うちでは手がけていない。

建築コンサルタント　一級建築士の免許を持っている。税理士と組んで、建物の固定資産税評価額の妥当性を検証するビジネスを手がけている。建築の素人では、建物の構造や設計図の見方が分からないからアドバイスしているのだ。東京都や市町村の固定資産税評価員は素人。超高層ビルの評価なんて無理だ。

税理士　都心にある電鉄会社所有の商業施設や地方にある大手電機などの工場では、評価額に疑問がある物件はたくさんある。それらの物件の所有会社に「適正な固定資産税を算定しますよ」と持ちかける。しかし、電鉄やメーカーは消極的だ。電鉄は国の許認可権限があって「お上にたてつくのがこわい」と言うし、日本のメーカーは昔から企業城下町として二人三脚で歩んできた地元自治体に遠慮があるからだ。

建築コンサルタント　一方で外資系は積極的だ。彼らは徹底的にコストにこだわる。固定資産税もコストの一部と見ているからだ。また、ＲＥＩＴも出資者にコストの開示をしているので、固定資産税額には敏感だ。

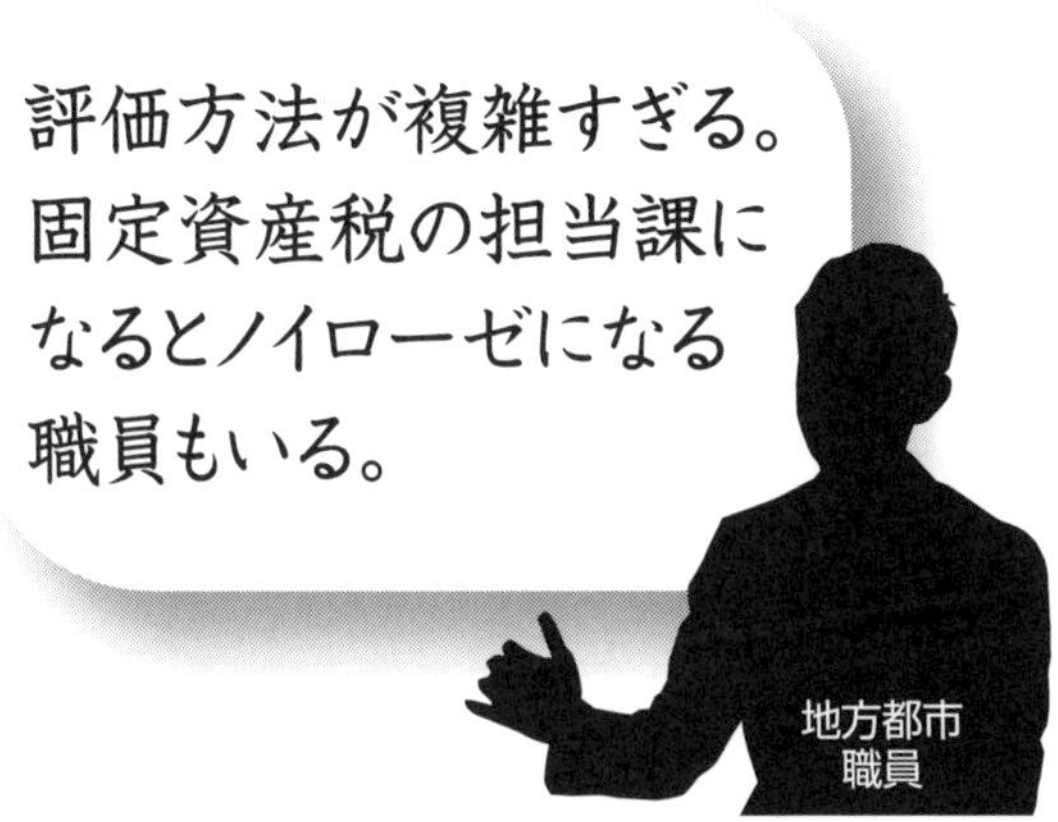
評価方法が複雑すぎる。固定資産税の担当課になるとノイローゼになる職員もいる。
地方都市職員

税理士　自治体の対応もばらばらだ。評価の根拠となった20年前の資料を3日がかりで探してくれた自治体もある。一方でひどい事例もある。北関東のある県庁所在地の自治体窓口で、所有者本人に付き添って「評価額の根拠を教えてほしい」と言った。しかし「税理士のあなたに答える根拠はない」と言われて同席を拒否された。自治体はノウハウのある専門家と対峙したくないのだろう。

東京都職員　大手不動産とは、高層ビルが完成する前に協議して評価額をすりあわせている。「なれ合い」とも言われそうだが、評価額に後でけちがつくよりはまし。こういう対応ができるのは正直、ほっとする。

手法変更には国抵抗？

地方都市職員　評価基準が複雑すぎて、固定資産税課に配属されるとノイローゼになる職員も珍しくない。私もかつて固定資産税課にいた時、自分では評価できないので、所有者に工事契約書を見せてもらって、評価額を契約額の7割に収めるよう数値を調整したこともある。官邸が地方創生を持ち上げるが、多くの自治体は財政的に疲弊している。交付税が大幅に伸びない中、人件費も切り詰められて、評価員も少ない。誤徴収が報道されるのも仕方がないが、自治体の窮状も理解してほしい。

建築コンサルタント　著名な不動産鑑定士が北海道のある自治体を調査したら、半数以上の民家の評価額が誤っていたという結果が出た。昭和30年代に行

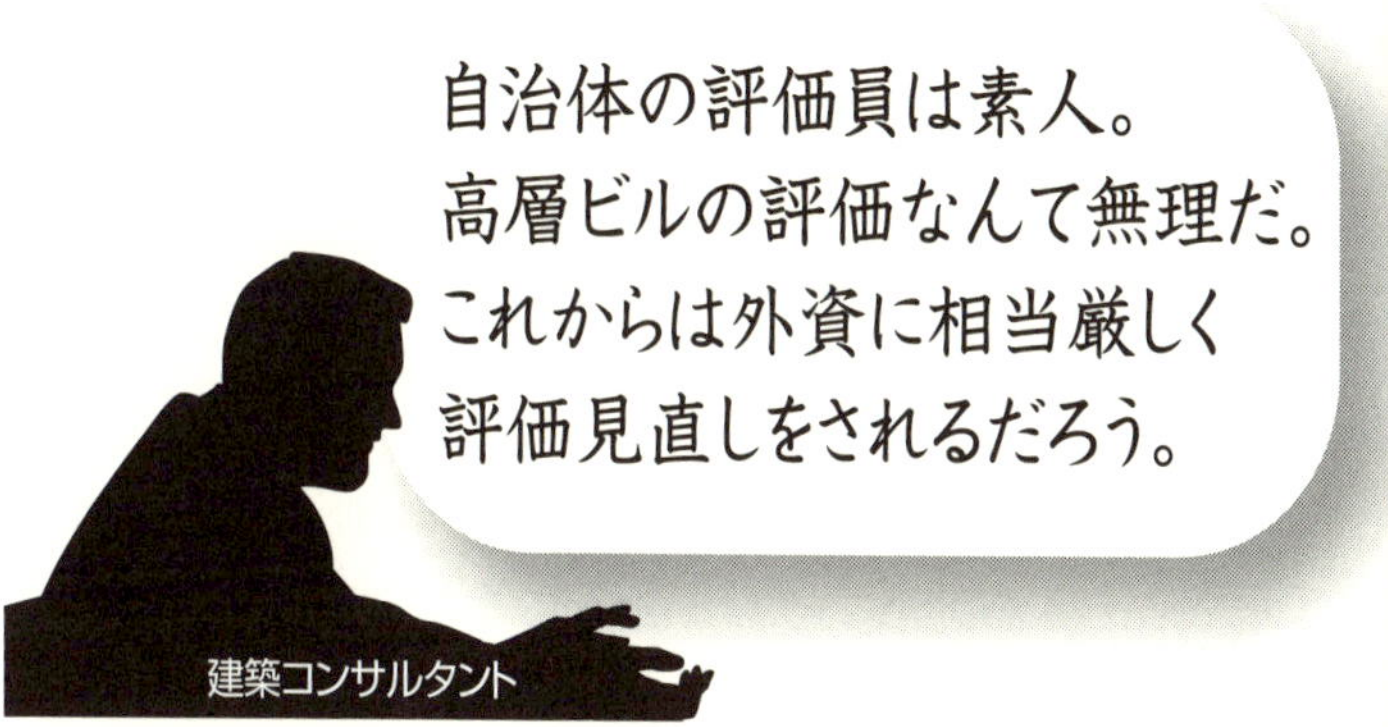
自治体の評価員は素人。
高層ビルの評価なんて無理だ。
これからは外資に相当厳しく
評価見直しをされるだろう。
建築コンサルタント

政が一度現地調査をしたきりだったので、増改築を反映していなかったのが原因。また、行政のノウハウ不足で減免措置が正しく適用されていなかった。

地方都市職員　20年ほど前は、固定資産税の評価一筋というプロの職員もいた。しかし今は、長くて5年もいれば他の部署に異動する。自治体職員にとっては、内部での研修や教育では限界があるので、財団法人の「資産評価システム研究センター」に評価員を派遣して、ノウハウを学ばせている。

市町村は人材もノウハウも不足しているだろう。

税理士　資産評価センターは、総務省との関係も深く、総務省が指導力を発揮するマシンだ。そんなものに頼らずに済ませるためにも、いっそのこと、取引価格を評価額にするとか、評価額の計算を民間委託してもいいのでは。

自治体職員ＯＢ　総務省は評価方法を抜本的には変えないだろう。自分たちが持っている指導監督権限を手放したくないからだ。現役時代に、評価方法のルールが分からないと総務省に問い合わせたものだ。また、ルールブックや解説書も総務省職員やＯＢら関係者が監修している。今のルールを変えるのは、総務省の力の源泉を無くすに等しい。

それに評価を簡単にしたり、民間委託すれば全国自治体の評価員がクビになる。労働組合が黙っていないだろう。総務省も自治体も、難しい制度を残すのが一番安泰なのだろう。

税理士　でも今の評価方法は破綻している。多数の物件で評価額に異議が出ている東京都などは限界を感じているのでは。固定資産税の評価方法は総務省が決める。しかし、東京都は今実施している検討会で出た提案を総務省に突きつけて、あわよくば評価方法を変えてほしいともくろんでいるのではないか。

第二章

早わかり！　固定資産税と把握したい重要項目

1　Q&A　固定資産税の基礎知識 9項目

編集部／監修＝上坂　幸三（税理士）

とにかく複雑で難しい固定資産税。見直すためにはまず基礎から知ることが欠かせない。

Q1　そもそも「固定資産」って？

A　固定資産税の課税対象となる「固定資産」は、地方税法で①土地、②家屋、③事業用の償却資産——の三つに分けて定義されている（**表1**）。「土地」とは文字通り、宅地や山林など、基本的にあらゆる土地を指している。「家屋」には住宅（居宅）や店舗、工場、倉庫など、こちらも原則としてあらゆる建物が該当。「事業用の償却資産」は、機械や設備、大型特殊自動車（ブルドーザーなど）、ボート、ヘリコプターといった、家屋以外の事業用資産が該当する。屋

表１　固定資産の種類

土地	田、畑（合わせて農地）、宅地、鉱泉地、池沼、山林、牧場、原野、雑種地
家屋	居宅、店舗、事務所、工場（発電所・変電所含む）、倉庫など
事業用の償却資産	機械、設備、装置、船舶、航空機などの事業用資産で、法人税・所得税で減価償却の対象となる資産（自動車税、軽自動車税の課税対象は除く）

（出所）編集部作成

外にある門、広告塔、舗装路面などの構築物のほか、屋内の受変電設備なども事業用の償却資産に含まれる。

こうした固定資産を所有していても、非課税となる場合がある。国や都道府県など地方公共団体の所有分や、公共用の道路や運河、用水路、ため池などがその例。宗教法人の寺社や学校法人の学校、社会福祉法人の老人福祉施設なども非課税だが、目的外に固定資産を使用すると課税対象となる。また、固定資産税の算出の基となる課税標準額が一定額に満たない場合も、徴収事務が煩雑になるため課税しない。これが「免税点」で、土地は30万円未満、家屋は20万円未満、償却資産は150万円未満とされる。

ややこしいのは、地方税の固定資産税と国税の法人税・所得税とで、減価償却（時間の経過とともに資産の価値を減らしていくこと）の対象となる資産の分け方や、減価償却の計算方法などが異なること。固定資産税では家屋と事業用の償却資産を明確に区分するが、法人税・所得税では事業用の建物のほか機械、設備などもすべて「減価償却資産」。また、法人税・所得税では、特許権などの無形固定資産や事業のために飼育する牛や豚なども減価償却資産だが、固定資産税では課税対象から除外する。

一方、法人税・所得税では減価償却資産は1円まで減価償却できるが（2007年4月1日以降の取得分）、固定資産税では家屋は同じ材質を使って建て直したと想定した際の価格（再建築価格）の20％、事業用の償却資産は取得時の価格の5％までが限度。つまり、法人税・所得税では減価償却が終わった建物でも、所有しているうちは固定資産税が課せられる。建物が存在している限り、消防などの市町村の行政サービスを受けると考えられているためだ。

Q2　税額はどうやって決まる?

A　固定資産税額の決め方の基本は、実はかなりシンプルだ。固定資産の適正な時価（固定資産税評価額）を原則、「課税標準額」とし、固定資産税率を掛けるだけ。固定資産税率は市町村（東京23区は東京都）によって異なるが、標準的な税率は1・4%に定められている。総務省によると14年度は市町村の91%が標準税率の1・4%を採用し、人口50万人以上の市ではすべて1・4%だ。しかし、実際に税額を計算するには2段階で複雑な過程を経なければならない。

まず第1段階として、土地、家屋、事業用の償却資産ごとに「適正な時価」をどう評価するか。この固定資産税評価額の評価方法は、総務大臣が全国一律の「固定資産評価基準」として微に入り細に入り定めている。さらに第2段階として、実際の固定資産税では評価額に対して政策的にさまざまな調整や特例、軽減措置などを設け、これらを加味して課税標準額を算出するが、この計算方法もまた複雑だ。

「固定資産評価基準」では家屋の評価方法をこと細かく定めている

難解な「負担調整措置」

土地や家屋、事業用の償却資産の評価方法は後述するとして、第2段階の計算方法で特に分かりにくいのは、土地の「負担調整措置」だろう。土地の固定資産税評価額はかつて、国土交通省が発表する毎年1月1日時点の「地価公示価格」に対し2～3割程度だったが、１９９４年度から一気に7割の水準まで引き上げることになった。しかし、固定資産税評価額を急激に引き上げては、固定資産税額も大幅に増えてしまうことになる。

そのため、引き上げ前の評価額と引き上げ後の本来の評価額との乖離の度合いに応じて、緩やかに課税標準額を引き上げていく措置が取られた。これを負担調整措置と呼ぶ。バブル崩壊後に地価下落が続いたにもかかわらず、土地の課税標準額や固定資産税額がむしろ上がってしまう現象が各地で生じたのは、この負担調整措置のためだ（**図3**）。

また、13年度までは、本来の土地の課税標準額に対する前年度の課税標準額の割合（負担水準）が一定以上であれば、前年度の課税標準額を据え置いて税額を抑制する特例が設けられていたが、14年度からは住宅用地と特定市街化農地への特例適用が廃止された。つまり、負担水準が低い土地では、本来の水準になるまで課税標準額が上がり続け、固定資産税額も増えることになる。

図3　負担調整措置のイメージ図

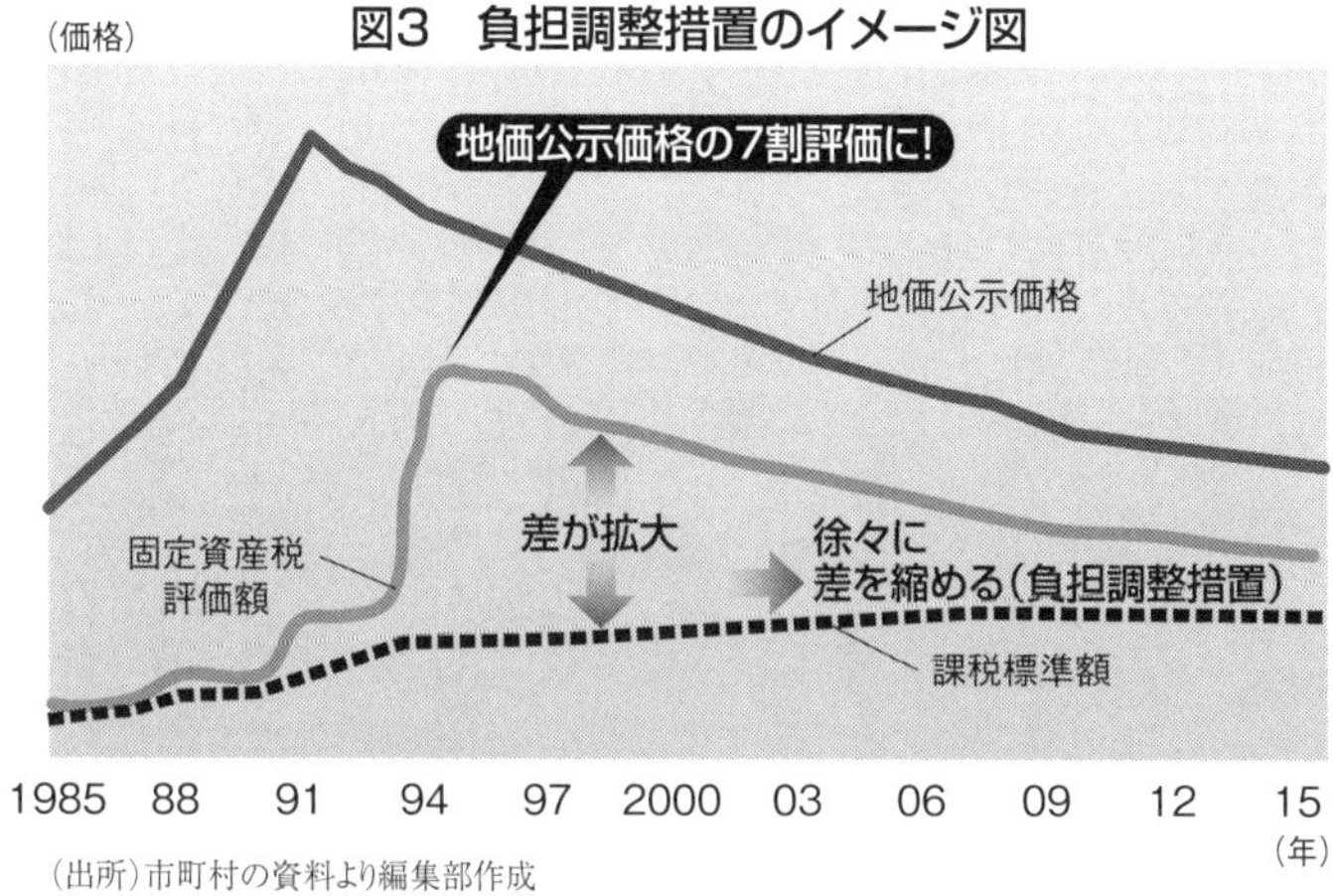

(出所)市町村の資料より編集部作成

Q3　評価額を決めるのは誰？

A　土地、家屋の固定資産税は、法人税など納税者が自ら申告する「申告納税方式」ではなく、課税する側が納税者に税額を通知する「賦課課税方式」だ。固定資産税を課税するのは市町村（東京23区は東京都）で、毎年1月1日時点の土地、家屋の評価額を市町村が決定する。大規模で複雑な家屋などは、都道府県が実際の評価を担当することもある。一方、事業用の償却資産は、所有者が毎年1月1日時点の償却資産を1月末までに申告し、市町村が申告を基に評価額を決定する。

市町村はこうして所有者の固定資産を把握し、原則として毎年3月末を期限に、決定した評価額を各市町村の「固定資産課税台帳」に登録。この評価額を基に課税標準額を計算して税額を算出する。税額などを記載した納税通知書と課税明細書は毎年4~6月ごろ、所有者に送付され、所有者は一括か年4回に分けて納税する。建物が複数の市町村にまたがって建っている場合は、建物の評価額を床面積で案分したうえで、各市町村が課税する。

他の税にも影響

市町村が決める固定資産税評価額は、他の税にも大きく影響する（**表2**）。都市計画法の市街化区域内にある土地・家屋には、「固定資産税評価額×0・3%（最高限度）」の都市計画税がかかる。土地の売買時の所有権移転登記には「固定資産税評価額×1・5%」（17年3月末までの軽減措置）の登録免許税が、土地・家屋の購入や贈与時には「固定資産税評価額×3%」の不動産取得税

表2　固定資産税評価額が影響する税の例

都市計画税	固定資産税評価額（土地、家屋）×0.3％（最高限度）
登録免許税（土地の所有権移転登記の場合）	固定資産税評価額（土地）×1.5％
不動産取得税	固定資産税評価額（土地、住宅）×3％
相続税、贈与税	家屋は固定資産税評価額で財産を評価

（注）登録免許税は2017年3月末までの軽減措置、不動産取得税は18年3月末までの取得分の特例税率
（出所）編集部作成

（18年3月末までに取得した土地や住宅の特例税率）が課せられる。

また、相続や贈与の際の家屋の価値には、固定資産税評価額を用いるのが一般的で、評価額は世代を超えても引き継がれる。土地、家屋の固定資産税評価額は「評価替え」として3年に1度、実勢に応じて評価を見直すことになっており、直近では15年度が評価替えの年だった。次の18年度の評価替えまで評価額は据え置かれるが、次の評価替えに向けて今から評価額をチェックしておいても早過ぎることはない。

Q４誰が税金を納めるの？

Ａ　固定資産税は毎年、１月１日時点の固定資産の所有者に対し、１年分が課せられる。売買や相続、贈与などによって土地・家屋の所有権が移った場合、市町村は登記所から送られる通知によって新たな所有者を把握する。その年の途中で土地、家屋を売買しても、固定資産税は日割りで納めたりはしない。売買の当事者間で固定資産税を日割り精算するのは、あくまで単なる商慣習だ。

土地や家屋は正しく登記されるとは限らず、家屋の中には未登記のものもある。そのため、市町村は毎年１月１日時点で航空写真を撮影するなどして、家屋の新築や増築、取り壊しなどがないかをチェック。変化を確認した場合は、現況に応じて課税する。住宅の完成を年内に急いだり、住宅の取り壊しのタイミングを年明けにずらしたりするのはこのためだ。住宅用地には土地の課税標準額を６分の１などとする特例措置があり、１月１日時点で更地なら特例が適用されなくなってしまう。

共有名義は連帯で

共有名義の場合は持ち分に応じて納税するが、共有者には連帯して納税する義務がある。所有者が死亡した場合は、相続人が納税する義務を負う。相続人が複数いれば、遺産分割の完了まで相続人全員の共有物となり、連帯納税義務が生じる。ただし、分譲マンションなどの区分所有の土地・家屋には、連帯納付義務は適用されない例外があり、区分所有者が持ち分の割合に応じてそれぞれ納税する。

最近では、固定資産の価格があまりに安かったり、手続きにわずらわしさを感じることを理由に、所有者の死亡時に所有権の移転登記をしないケースが増えているようだ。市町村が調査した結果、相続人が膨大な数にのぼったり、相続人が外国人だったりして、課税が事実上、困難なことも少なくない。

Q5　土地の評価法は？

A　固定資産税の土地の評価は、「地目」を定めることから始まる。地目ごとに評価の方法が異なるためだ。固定資産評価基準では田、畑、宅地、山林、雑種地など9種類の地目に区分する。不動産の登記上の地目と固定資産評価基準とは区分は必ずしも一致しない。例えば、「雑種地」はいずれの地目にもあるが、固定資産評価基準の雑種地のほうが定義は広いと考えられる。登記上の地目と利用実態が異なる場合は、市町村が航空写真などで確認し、利用実態に即して区分する。

土地は登記上の筆ではなく、一体として利用されている区画（画地）ごとに、市町村が評価する。例えば、2筆以上に分かれている土地でも、一つの住宅として利用していれば一画地と認定。逆に、1筆の土地を住宅と工場とに分けて利用していれば、住宅部分と工場部分をそれぞれ一画地として評価する。土地の面積（地積）は登記簿に登記されている面積だが、登記上の面積と実際の面積が異なる場合には実際の面積を採用する。

図4　土地の固定資産税評価額の計算式

土地の評価額＝
固定資産税路線価×補正率
（不整形地補正率、間口狭小補正率など）×土地の面積

（出所）編集部作成

不整形地は補正

住宅や工場、店舗、オフィスなどとして使われる「宅地」の評価方法は、さらに「高度商業地区」「低層普通住宅地区」など12種類の「用途地区」に区分し、その土地が面する道路に1平方メートル当たりの「固定資産税路線価」を設定。原則として、この固定資産税路線価にその土地の面積を掛けて、土地の評価額を算出する（**図4**）。この固定資産税路線価は、地価公示価格の7割を目安に設定されており、3年ごとの評価替えの際に見直される。

土地は整った形のものばかりではない。道路に面する間口が狭かったり、奥行きがあったりする条件の悪い土地は、利用価値がその分、下がると考えられる。定められた基準にしたがって評価額の減少分を補正するが、その際の補正率が用途地区によって異なっている。複数の道路に面する土地の場合は、逆に利用価値が上がると考えられるため、土地の評価も加算される。不特定多数の人が利用する私道やセットバック部分は、固定資産税が非課税となる。

戸建てやマンション、賃貸アパートなど人が居住している土地（住宅用地）は、「住宅用地の特例措置」として固定資産税の課税標準額が大幅に軽減。２００平方《メートル》まで（小規模住宅用地）は固定資産税の課税標準額が6分の1、２００平方《メートル》超の部分は3分の1になる。また、東京23区では、個人や中小企業が所有する住宅用地以外の土地（４００平方《メートル》以下）は、２００平方《メートル》までの部分の固定資産税が20％減免されるなど、市町村で独自の軽減措置もある。

Q6　家屋の評価法は？

A　家屋の評価額は、購入時の価格や建築工事費ではない。評価時点で同じ建物をその場所に新築する際、必要とされる建築費を求めた上で、建築後の経過年数による建物の減価分などを考慮する「再建築価格方式」を取っている。評価するのは市町村の担当職員だが、家屋の構造や材質、量などを確認する必要があるため、家屋の新築時に建物の竣工図などを所有者から借りたり、現場を確認する「家屋調査」に行ったりする。担当者には地方税法で「質問検査権」が与えられ、調査の拒否には罰則が科されることがある。

そもそも家屋には、基礎のない簡易な物置や、支柱と屋根だけの駐車場などは該当しない。固定資産税が課せられる家屋とは、不動産登記法上の「建物」と同一で、①基礎などで土地に固定されていること（定着性）、②屋根や3方向以上の壁などで風雨をしのげること（外気分断性）、③目的とする用途に使いうる状態であること（用途性）――の三つが要件となっている。

実際の家屋の評価方法は、まず「木造」と「非木造」に分けた上で、木造なら「専用住宅用建物」や「普通旅館及び料亭用建物」、非木造なら「住宅、アパート用建物」「劇場、娯楽場用等のホール型建物」といった用途ごとにさらに細分化。木造なら屋根や基礎、天井、建具など、非木造なら主体構造部（建築物の構造上、重要な役割を果たしている部分）や外部仕上げといった部分ごとに、その材質や量、設備の状況を調査する。

評価額が下がらないわけ

材質や設備にはそれぞれ細かく「評点」が定められ、量に応じて評点数を積算。この評点には各市町村ごとに、東京都を基準に各市町村の物価水準を調整するなどした1点当たりの単価が決められ、評点数に単価を掛けて家屋の評価額を計算する。また、この計算の際、建物の経過年数に応じた減価分を反映する「経年減点補正率」や、地震や火災などによる建物の損傷分を減価させる「損耗減点補正率」なども掛け合わせる（**図5**）。

図5　家屋（新築）の固定資産税評価額の計算式

家屋の評価額＝
再建築費評点数×減点補正率

（経年減点補正率など）
×評点1点当たりの単価

（出所）編集部作成

　家屋の評価も3年ごとの評価替えで見直されるが、そのたびごとに既存の家屋の評価額を一から計算しなおしては、あまりに市町村の業務が煩雑になる。そのため、既存の家屋は木造、非木造に分け、評価替えの前年度の再建築費評点数に「再建築費評点補正率」を掛けて評価額を計算する。15年度の評価替えでは、物価上昇分などを考慮して、再建築費評点補正率は木造が1・06、非木造が1・05に引き上がった。家屋の評価額が下がらないこともあるのは、こうした補正などによるためだ。

　ただ、家屋では評価替えに伴って前

年度の評価額を超えてしまった場合には、前年度の評価額に据え置かれる規定になっている。家屋の評価額が年数が経過しても上がるのは、納税者の理解を得られにくいからだ。うっかりしやすいのは、家屋を増改築したり別の用途に使うことにした際、登記変更や市町村への届け出を忘れてしまうこと。固定資産税の評価額に影響するため、航空写真などで変化に気づいた市町村から調査の連絡が来ることがある。

Q７　償却資産の評価法は？

Ａ　事業用の償却資産の評価方法は、原則として所有者が取得した時の価格に、償却資産の耐用年数に応じた減価率を毎年掛けて評価額を下げていく。新しく償却資産を取得した場合は、その年の取得時期にかかわらず、半年分の減価率（減価率の2分の1）とする。償却資産ごとの耐用年数は、法人税など国税と同様に財務省の「減価償却資産の耐用年数等に関する省令」に従い、機械や設備など償却資産ごとに細かく定められている。

所有者は毎年1月1日時点で、償却資産の評価額を計算して市町村に申告。市町村が申告を基に評価額を決定し、固定資産課税台帳に登録する。難しいのは、「家屋」と「事業用の償却資産」との区別。建物と構造上、一体となっているエレベーターや空調設備などは「家屋」として評価する。一方、壁掛け型のエアコンやLAN設備、飲食店の厨房設備などは償却資産とする。また、入居テナントが設置するエアコンなどの設備は、すべてテナント側の償却資産となる。

小型フォークリフトなど自動車税、軽自動車税の対象となる自動車は、償却資産から除かれる。償却資産として何を申告するかで固定資産税評価額は変わるため、市町村が発行する償却資産の申告の手引きを参照し、間違えないようにしたい。

Q8　疑問や不服がある場合は？

A　固定資産税に不服がある場合は、評価額とそれ以外では手続きが異なっている（73ページ図6）。評価額に対する不服は、各市町村の固定資産評価審査委員会に対し、「審査の申し出」という手続きを取る。ただし、審査の申し出は地目変更や家屋の増改築といった事情がなければ、3年に1度の評価替えの年にしか認められていない。次の評価替えは18年で、この年に納税通知書を受け取ってから60日以内が申し出の期限となる。審査委は申し出を受けて調査を行い、30日以内に評価額を決定。決定に不服があれば、6カ月以内に裁判所に取り消し訴訟を提起する。

一方、評価額以外の法令解釈や事実認識などについては、市町村長に対して「不服申し立て」を行う。申し立ての期限は、その年の納税通知書を受け取ってから60日以内。市町村長は申し立てを受けて、30日以内に申し立てが妥当かどうかを決定する。決定に不服があれば、審査の申し出と同様、60日以内に裁判所に取り消し訴訟を提起する。土地の地目や画地の認定、家屋の再建築費評点数などは審査の申し出の対象事項。納税義務者に当たるかどうかや特例の適用ミス、非課税の扱いなどを争う場合は、不服を申し立てることになる。

還付は5年分

ただ、重大で明らかな市町村側のミスであれば、こうした手続きを経なくとも、随時修正に応じている。市町村側のミスが判明した場合、徴収しすぎた税金については通常、過去5年分が還付される。地方税法では5年で請求権が消滅するためだ。中には市町村の独自の要綱などによって、10年分や20年分の返還に応じるところもある。それでも、数十年間にわたる徴収ミスが各地の自治体で相次いでおり、過去に納めすぎた税金がすべて返ってくるとは限らない。

自分の固定資産税評価額や税額は、納税通知書と一緒に送られてくる課税明細書にも記載されているが、年間を通して役所で閲覧できる。また、同じ市町村内であれば、他の所有者の固定資産税評価額を「縦覧」という制度で見られ、

図6　固定資産税に不服がある場合の手続き

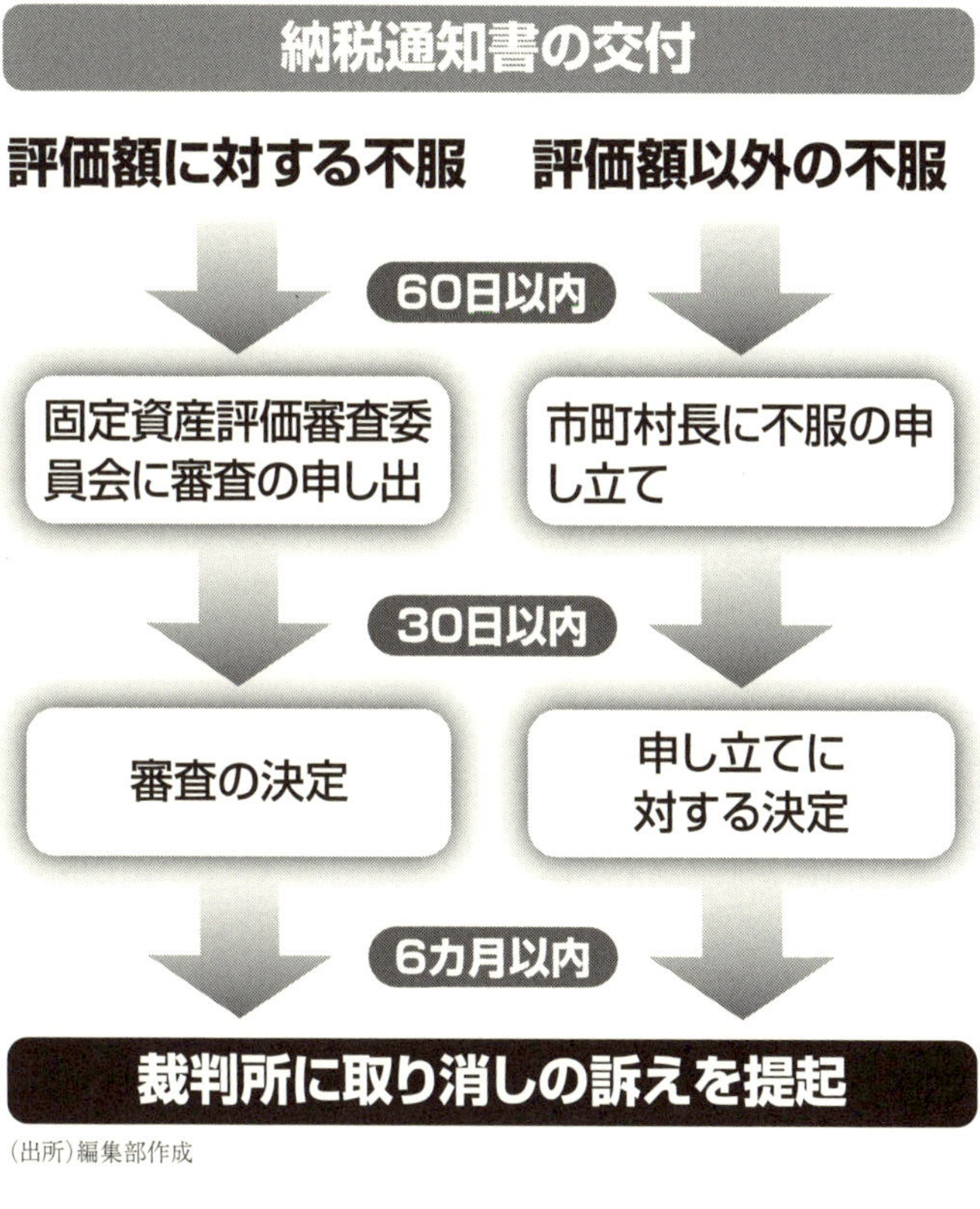

（出所）編集部作成

所有する自分の土地・家屋の評価額と比較できる。縦覧期間は原則として毎年4月1日から最低20日以上とされるが、いつでも見られるわけではない。

Q9　滞納するとどうなる？

A　固定資産税を期限までに納付しないと、他の税と同様に督促状が送られる。最悪の場合は預金や給与、不動産などを差し押さえられ、公売にかけられてしまうこともある。督促状が届いたら、市町村の担当課に税を支払う意思を伝えたうえで、速やかに納めるようにしたい。災害や納税者自身のケガ、病気などの場合は1年間、納税を猶予する制度もあり、早めに市町村に相談することが有効だ。

納付期限を過ぎると、市町村は通常、20日以内に督促状を発送する。滞納した税の時効は5年。そのため、この督促状を無視し続けると、市町村は滞納者の財産調査に入り、財産を差し押さえたうえでインターネットなどで公売する。

納付期限を超えて納める税金には、納付期限から1カ月は年2・8％、それ以降は年9・1％の延滞金がかかる（15年1月～16年12月の場合）。

最低限の保有「コスト」

所得税や法人税は収入に対して納める税だが、固定資産税は収入の状況とは直接関係なく、固定資産を保有しているだけで課される税。収入がなくとも生活や事業をしていくうえで最低限かかるコストの一つだ。マンションなど不動産の購入時などには、毎年の固定資産税額がいくらなのかを確認しておきたい。

2　最低限押さえておきたい3つのチェックポイント

編集部／監修＝上坂幸三（税理士）

自分の固定資産税をきちんと把握するためにチェックしたいポイントを「課税明細書」「土地」「家屋・償却資産」の三つでまとめた。

Ⅰ 課税明細書

土地や家屋などの固定資産を所有していると毎年4～6月ごろ、市町村（東京23区は東京都）から固定資産税、都市計画税の納税通知書と課税明細書が届く。税額だけを確認する人も少なくないものの、課税明細書にはさまざまな情報が盛り込まれている。課税明細書の様式は市町村によって異なるが、ここでは東京都が発行する東京23区の課税明細書（土地・家屋）のモデルを基に、固定資産税を見直す手始めとしてその見方を押さえたい（80〜81ページ**図7**）。

課税明細書には、その市町村に1月1日時点で所有する土地・家屋のリストが載っている。その前年に売却したり取り壊したりした土地・家屋が残されていないか、まずチェックしよう。建物を取り壊した時は、所有者は1カ月以内に建物滅失を登記することが義務付けられ、滅失登記は市町村に通知される。すでに登記しているのに反映されていない場合は市町村のミス。また、未登記でも課税されている家屋を取り壊した時は、市町村に家屋滅失届を出す。

「現況」優先で課税

土地の課税明細書にはまず、その土地が所在する住所が1筆ごとに掲載されているが、この住所は登記上の所在地や地番で、住居表示と一致するとは限らない。次に、土地の地目の欄があり、上から「登記地目」「現況地目」「非課税地目」と並んでいる。登記上の地目と実際の利用形態が異なる場合には、実際に即した現況地目によって課税される。図7の場合はいずれも「宅地」だが、地目によって土地の固定資産税評価額の評価方法が異なるため、地目の現況が誤っていないか確認したい。

「地積」は土地の面積のこと。「登記地積」（登記されている面積）と「現況地積」（実際の面積）が異なる場合には、現況面積で課税する。不動産の業界用語では、登記地積より現況地積のほうが大きいことを「縄のび」、逆に現況地積のほうが小さいことを「縄ちぢみ」というが、古くからの土地では縄のび、縄ちぢみは決して珍しいことではない。土地の広さも現況で評価するため、実測より広い場合には市町村に届け出よう。

次の「価格」とある欄が、「固定資産税評価額」のこと。その土地が面する道路に付けられた「固定資産税路線価」や土地の形状、条件を基に算出されている。固定資産税額を計算する際のベースとなっており、評価額が異なると税額にも影響する。固定資産税評価額が妥当かどうかの判断は簡単ではないが、

現況地積の内訳	負担水準(%)		課税標準額の内訳		軽減額等の内訳	
小規模地積 ㎡ 一般住宅地積 ㎡ 非住宅地積 ㎡	固定	都計	固定小規模課標 円 固定一般住宅課標 円 固定非住宅課標 円	都計小規模課標 円 都計一般住宅課標 円 都計非住宅課標 円	小規模軽減額(都) 円 減額税額(固・都) 円 減免税額(固・都) 円	摘要
150	90	98	7,125,000	15,000,000	22,500	
						都市計画税軽減
						小規模住宅用地

チェック⑥

税(相当)額

実際に納める税額。「課税標準額×税率」で計算した税額から、軽減額などが差し引かれている

チェック⑦

現況地積の内訳

「住宅用地の特例措置」が適用されている土地の面積。「小規模」(200平方メートルまで)は固定資産税評価額の本則課税標準額が6分の1、「一般住宅」(200平方メートル超)は3分の1

チェック⑧

負担水準

固定資産税、都市計画税それぞれの「前年度課標等÷本則課税標準額」。この数字が100より低いほど、土地の課税標準額が今後も毎年上がっていく

チェック⑨

課税標準額の内訳

「住宅用地の特例措置」が適用されている土地の課税標準額。この場合は、チェック⑤の課税標準額と一致する

固定課税標準額 円 都計課税標準額 円	固定資産税(相当)額 円 都市計画税(相当)額 円	減額税額(固) 円 減免税額(固・都) 円	摘要
6,000,000	84,000		
6,000,000	18,000		

チェック⑩

軽減額等の内訳

国や市町村による固定資産税・都市計画税の軽減や減額、減免措置をそれぞれ反映

図7　固定資産税・都市計画税の課税明細書（東京23区の場合）

土地の所在	登記地目	登記地積 ㎡	価格 円	固定前年度課標等 円	都計前年度課標等 円
	現況地目	現況地積 ㎡	固定本則課税標準額 円	固定課税標準額 円	都計課税標準額 円
	非課税地目	非課税地積 ㎡	都計本則課税標準額 円	固定資産税（相当）額 円	都市計画税（相当）額 円
●×▲町1丁目1番地1	宅地	150	45,000,000	6,750,000	14,700,000
	宅地	150	7,500,000	7,125,000	15,000,000
			15,000,000	99,750	22,500

チェック①　地目、用途
土地は「現況地目」で課税される。家屋の用途を含め、実際の状況と異なっていないか確認

チェック②　地積、床面積
いずれも「現況」で課税される。「地積」は土地の面積のこと。古い土地は実際の面積と合わないことも

チェック③　価格
固定資産税評価額のこと

チェック④　本則課税標準額
200平方メートルまでの住宅用地なら「住宅用地の特例措置」で、固定資産税の本則課税標準額は「価格」の6分の1に、都市計画税は3分の1に

チェック⑤　課税標準額
本則課税標準額に「負担調整措置」を施したもの。課税標準額に固定資産税率（東京23区は1.4％）、都市計画税率（同0.3％）を掛けて税額を算出

家屋の所在	区分家屋	家屋番号	種類・用途	構造	地上	登記床面積 ㎡	価格
	物件番号		建築年次	屋根	地下	現況床面積 ㎡	
●×▲町1丁目1番地1		1−1	居宅	木造	2	100	6,000,000
	10001		平20年	瓦葺	0	100	

（出所）東京都の資料より編集部作成

おおよその目安として「固定資産税評価額÷土地の面積」が路線価を上回っていないかをまず確かめたい。分譲マンションなど共有の土地は、1筆全体の評価額が載っている。

「住宅用地」の特例

固定資産税路線価は、一般財団法人「資産評価システム研究センター」が運営するホームページ「全国地価マップ」(http://www.chikamap.jp/)で、全国どこでも確認できるようになっている。全国地価マップにはこのほか、相続税路線価や地価公示価格、都道府県地価調査価格も掲載されている。固定資産税評価額は地価公示価格や地価調査価格の約7割で評価されることになっており、所有する不動産の近隣にある調査地点の価格とも比較したい。

「価格」の欄の下にある「固定本則課税標準額」「都計本則課税標準額」とは、固定資産税評価額を基に計算した固定資産税と都市計画税の本則の課税標準額のこと。住宅用地の場合は「住宅用地の特例措置」により、２００平方メートルまでの土地（小規模住宅用地）の固定資産税の課税標準が固定資産税評価額の６分の１、都市計画税は３分の１になる。また、２００平方メートルを超える部分（一般住宅用地）は固定資産税の課税標準が３分の１、都市計画税は３分の２となる。「固定課税標準額」「都計課税標準額」は、それぞれの本則課税標準額に「負担調整措置」を施したもの。負担調整措置とは、本則課税標準額に対する前年度の課税標準額（負担水準）の割合に応じて、今年度の課税標準額を緩やかに引き上げていく仕組みを指す。負担水準が１００％以上であれば本則課税標準額がそのまま適用されるが、負担水準が低いほど今後も毎年、課税標準額の上昇が続くことになる。

　こうして計算した固定資産税と都市計画税の課税標準額に、固定資産税は１・４％、都市計画税は０・３％の税率を掛けて税額を算出（東京23区の場合）。そこからさらに、国や市町村による軽減、減額、減免税額を差し引いた税額が「固定資産税（相当）額」「都市計画税（相当）額」として記載されている。図７の例では、都の条例で小規模住宅用地は都市計画税額の2分の1が軽減されており、その旨が「軽減額等の内訳」や「摘要」として記されている。

さまざまな軽減措置

家屋の課税明細書では、土地と同様に登記上の所在地のほか家屋番号などが掲載。用途や建築時期、家屋の構造、床面積も載っている。床面積は登記と現況とで異なる場合は、現況で課税される。「価格」には、総務大臣が定める「固定資産評価基準」にしたがって市町村が評価した家屋の評価額が記される。家屋の場合は基本的に評価額が課税標準額となり、これに固定資産税率1・4%、都市計画税率0・3%を掛けて税額を算出する（東京23区の場合）。

家屋にはさらに、政策的にさまざまな軽減措置が設けられている。新築住宅は床面積などの要件を満たせば、3年間は家屋の固定資産税額が2分の1（3階建て以上の耐火・準耐火建築物は5年間）に減額される。また、耐震化の改修・

建て替え、既存住宅の省エネ改修やバリアフリー改修なども該当し、税額からこうした軽減分を差し引いたものが「固定資産税（相当）額」「都市計画税（相当）額」として記載されている。軽減措置を受けるにはそれぞれ市町村の認定を受けることが必要だが、当てはまるならば軽減措置が適用されているかもチェックしたい。

分譲マンションなど区分所有物件の場合、家屋の課税明細書の見方が少し異なる。区分所有物件の「現況床面積」には、エントランスホールなど共用部分も持ち分に応じて加えられるため、登記床面積よりも広くなることに注意したい。また、区分所有の場合の「価格」欄には、1棟全体の固定資産税評価額が記載されている。この評価額を登記上の持ち分で割って課税標準額を計算する。

Ⅱ 土地

土地の課税明細書を見ただけでは、誤りに気づきにくいポイントもある。その一つが、「住宅用地の特例措置」の適用の前提となる、「住宅用地」の定義だ。住宅用地には戸建てや分譲マンションのほか、賃貸アパート・マンションやグループホーム（共同生活する介護福祉施設）、社員寮など、人が継続的に居住する家屋が該当する。特例が適用されていないと、税額算出の基となる課税標準が大幅に引き上がるため、税額への影響も大きい。市町村による固定資産税の課税ミスでは、住宅用地にもかかわらず特例を適用していなかった事例が頻発している。

特に、遊休地に賃貸アパートを新築したり、工場用地の一角に社員寮を建てたり、店舗を住宅に用途変更したりした際には、特例の適用が見落とされやすいため注意したい。一方、賃貸マンションの一室を、借り手がオフィスとして表札を掲げることがある。これを根拠に、市町村が特例措置の適用対象となる土地の面積を減らしてくることもあるが、実際には借り主が生活しているかもしれず、所有者である貸主は実際の利用状況を知るべくもない。こうした場合には、争う余地は十分にある。

土地は複数の筆であっても、一体として利用されている区画を「画地」という一つの単位として評価する。しかし、例えば賃貸マンション居住者専用の駐車場が、賃貸マンションに隣接しているにもかかわらず、別々に評価されていることがある。こうした賃貸マンションの駐車場は本来、住宅用地として一体で評価されるべきであり、駐車場も「住宅用地の特例措置」の適用を受ければ固定資産税額は大幅に減る（89ページ図8）。

こうした土地は、賃貸マンションと駐車場で筆が分かれていたり、賃貸マンションと駐車場の間に塀やフェンスがあったりするために、市町村側が航空写真などで見て別々の土地と認識している可能性がある。複数の筆に分かれている場合は合筆したり、アパート専用駐車場の看板を掲げたりすると、今後の課税の誤りを防げる可能性が高まる。また、賃貸アパートと専用駐車場で所有者が異なっていても、一体で評価するルールは変わらない。

「別々」か「一体」か

逆に、本来は別々に評価するべきなのに、一体で評価することで評価額が増えるケースもある。図9のように、固定資産税路線価の高い表通りと路線価の低い路地の2本の道路に面する土地で、表通り側の土地を賃貸オフィスビル、路地に面する土地を誰でも使える時間貸し駐車場として利用している場合などだ。これらの土地を一体で評価すると、表通り側の固定資産税路線価が影響し、土地全体の評価額も高くなる。

しかし、別々に評価すると、表通り側の高い路線価が影響する土地の面積が減り、駐車場は路地の低い路線価に従って評価するため、トータルの固定資産税評価額も下がる。こうした評価の誤りを避けるには、分筆することも有効な

図8　土地を一体で評価すると課税標準額が下がるケース

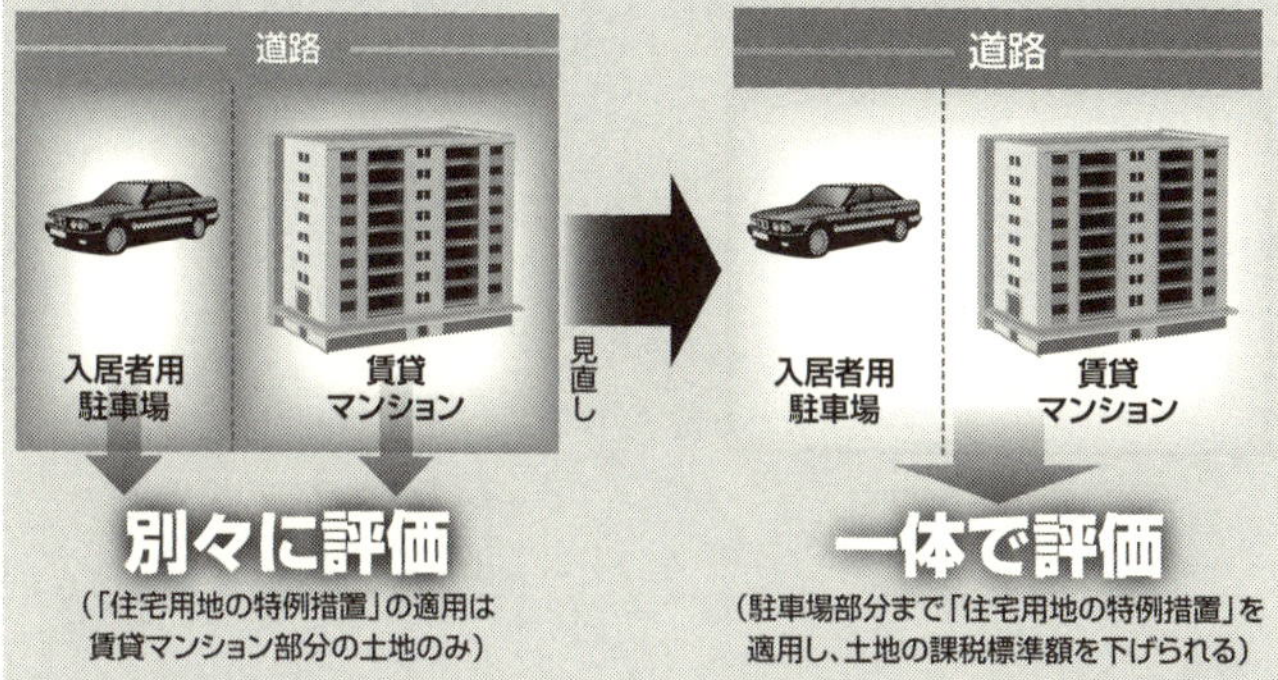

（出所）編集部作成

図9　別々に評価することで評価額が下がるケース

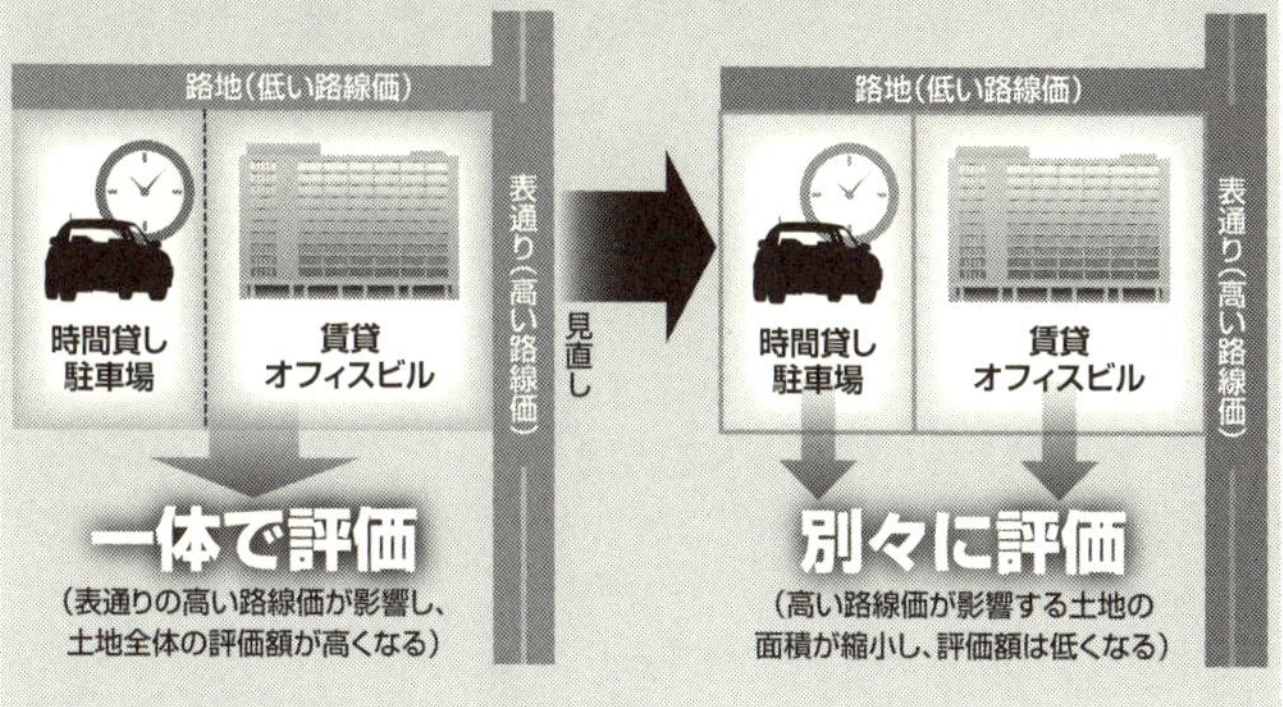

（出所）編集部作成

対策だ。また、不特定多数の人が通行可能な私道や、セットバックした土地は非課税であり、課税対象の土地の面積に含まれていないか確認したい。

土地の価値は、道路に面する間口や奥行きなどの形状のほか、がけ地があるかどうかなどによっても大きく変わる。「固定資産評価基準」では土地を評価する上で、悪条件に見合った補正によって評価額を下げることになっている。「間口狭小補正率」や「奥行価格補正率」「奥行長大補正率」「不整形地補正率」「がけ地補正率」といった補正だ。土地の評価額を確かめる際は、補正がきちんと適用されているかも調べたい。

Ⅲ 家屋・償却資産

　家屋の課税明細書からは家屋の固定資産税評価額は分かっても、評価額が正しいかどうかは分からない。しかし、それを検証するのは非常に難しい。家屋の評価方法は、評価時点で同じ建物をその場所に新築する際、必要な建築費を求めることを基本とする「再建築価格方式」を取っているためだ。これを検証するには、建物の構造や使われている材質、量などのデータが必要で、専門的な知識も欠かせない。

　例えば、主体構造部（建築物の構造上、重要な役割を果たしている部分）が、鉄筋鉄骨コンクリート（SRC）なのか鉄筋コンクリート（RC）なのかで、評価額自体や経年減点補正率（建物の経過年数に応じて評価額を減価させる率）も異なってくる。また、施工の質などを高く評価（増点補正）したり、低く評価（減点補正）したりするなど、市町村の評価担当者の判断や裁量が影響する項目も少なくない。特に大規模な建物ほど、小さな評価の誤りでも大きな税額の差として跳ね返る。

事業に使っている家屋では、固定資産税の事業用の償却資産との二重評価に注意したい。エアコンなどを毎年、固定資産税の事業用の償却資産として申告していても、家屋の一部としても評価されていることがあるからだ。玄関のインターホンや給排水設備、消火設備、電気・ガス設備なども同様だ。これらも、市町村に家屋の詳細な評価を確かめない限り、見つけ出すのは難しい。

評価の内容について疑問がある場合は、まずは市町村の担当課に詳しい説明や資料の提示を求めたい。家屋については少なくとも、建物の竣工図や工事請負契約書をしっかり保存しておくことが重要だ。

3　空き家は放置できない 空き家にはペナルティー 固定資産税は大幅増税に

遠藤純一（税理士法人タクトコンサルティング情報企画室課長）

16年度から地域社会に迷惑をかける空き家は固定資産税の軽減措置が廃止される。

危険・汚い・臭いといった問題のある「空き家」（以下、特定空き家という）の敷地に高い税金が課税される時代がやってきた。政府は15年度から特定空き家の敷地にかかる固定資産税・都市計画税に増税の仕組みを導入し、16年度から実際に増税が始まる。

固定資産税・都市計画税には、もともと「住宅用地の課税標準（評価額）の特例」という優遇制度がある。次年度の税額を決める基準日となる1月1日時点で、200平方メートルまでの住宅用地の場合、その評価額を固定資産税では6分の1、都市計画税では3分の1に軽減する措置だ。

増税はこの仕組みを逆用して、特定空き家は軽減の対象から外すものだ。対象となるのは、「空家等対策の推進に関する特別措置法」（以下、特措法）に基づき、所有物件が「特定空き家」と認定され、市町村から所有者等に対し修繕など必要な措置を講ずるよう「勧告」をされた物件だ。

勧告はいわば増税へのイエローカードだ。勧告があったにもかかわらず、1月1日時点で取り壊しや修繕など何らかの処置がされない限り、軽減特例から外れる（**図10**）。地域社会に有害な空き家を放置していることへのペナルティーともいえる。軽減特例がなくなると、税額は固定資産税は最大で6倍、都市計画税は最大で3倍に増える。この増税が実現すれば、所有者にとっては保有コスト増加に直結する。このため、空き家を取り壊して土地を更地化したり、家屋を改修して中古物件市場に流通させるという圧力が高まる。政府の狙いは、

図10　空き家を放置すると増税になる

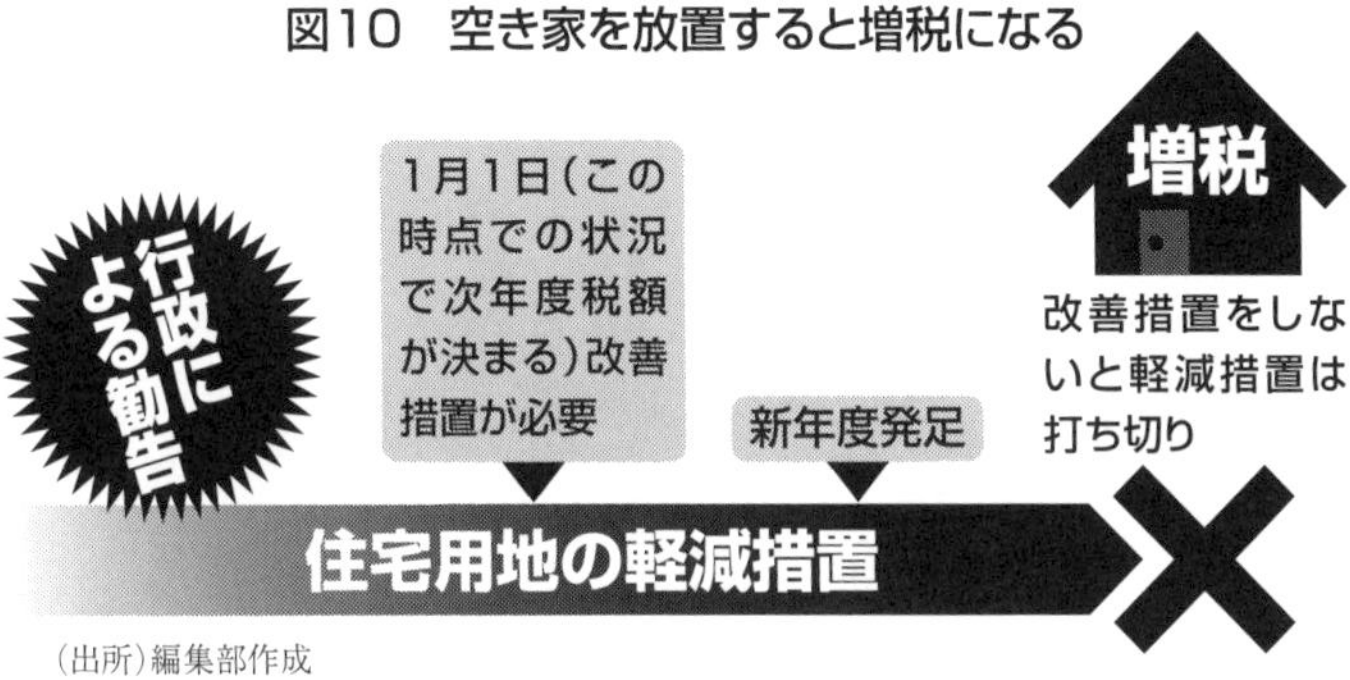

（出所）編集部作成

空き家や敷地の再利用活性化ともいえる。

負担増避けるには

所有者にとっては、増税はやはり招かれざる客だ。増税によるキャッシュアウトを避けるには、まずは「特定空き家とは何か」を理解することがポイントになる。特定空き家とは、空き家のうち次の要件に当てはまる物件のことだ（特措法2条）。

・そのまま放置すれば倒壊等著しく保

安上危険となるおそれのある状態
・著しく衛生上有害となるおそれのある状態
・適切な管理が行われていないことにより著しく景観を損なっている状態
・周辺の生活環境の保全を図るために放置することが不適切である状態

これらの要件に、所有している住宅が当てはまる場合は、勧告前に何らかの処置をしたい。もし、勧告を受けた場合でも、次年度の税額算定の基準となる1月1日前日までに取り壊しなどの処置を終えれば問題ない。もっとも空き家を1月1日までに取り壊してしまえば、今度は住宅用地ではなくなる。この結果、評価額が高い更地として課税されて、税額が跳ね上がってしまう。空き家を建て替え・改修するにしろ、取り壊して敷地を売却するにしろ、対策を取る場合には段取りやスケジュール管理が重要になる。

空き家問題の対策に限らず、家屋の取り壊し、建て替え等では、固定資産税等の住宅用地の認定をめぐる問題がついてまわる。現場ではスケジュール管理等の甘さからか、かえって固定資産税等の増税を甘受する失敗事例も見受けられる。

たとえば住宅の建て替え問題。建て替えの間、たまたま1月1日現在で家屋が宅地に建っておらず更地ということも珍しくない。この場合、建て替え前後で名義人が同一で、その年のうちに竣工すれば、住宅用地として評価額が軽減される。ただし、建て替え前後で家屋の名義人が同一であることなど複数の条件が必要だ。

一方で▽建て替え計画を変更し宅地を売却した▽建て替え工事が長引いて年内に竣工できなかった――といった事例で固定資産税等の税額アップが避けられなかった事例が散見される。段取りやスケジュール管理には十分注意したい。

4 東京都の課税強化 納骨堂は非課税か？ 割れる判断

遠藤純一（税理士法人タクトコンサルティング情報企画室課長）

東京都は最近、固定資産税が用途により非課税になるケースについて、課税漏れがないかチェックを厳しくしているようだ。これにともない、納税者が課税処分に不服を申し立てる審査請求も増えている。

用途で非課税になるケースとは、公立学校など地方自治体が所有する固定資産が代表例だ。このほか、幼稚園、保育所、認定こども園等の施設、健康保険組合の施設、宗教法人の境内地・境内建物など公共性の高い施設のうち、組織本来の活動目的に沿ったものだ。

この1年、健保組合の施設の一部、宗教法人の納骨堂や飲食施設が「組織本来の活動目的とは異なる」と認定され課税処分を受けたケースで、審査請求となり裁決が出ている状況だ。

このうち、この10年ほど前から注目されているのが、納骨堂だ。

いわゆる「お墓」関係のうち、「墓地」は墓地埋葬法上、遺体や遺骨を埋葬する施設と定義されており、設置には都道府県知事（市長や区長の場合も）の認可が必要だ。一方、「納骨堂」は同法上、遺族らの委託を受けて遺骨を一時的に収納する施設で、やはり知事や市区長の認可が必要だ。このうち地方税法上、非課税と明示されているのは墓地のみだ。

また、宗教法人の境内地・境内施設（拝殿や礼拝施設など）も非課税だ。ただし、非課税措置を受けるには、原則として、教義を広めたり、信徒を教育するなど宗教活動専用に使うことが必要だ。納骨堂は税法上、直接的に非課税と規定されているわけではない（101ページ表3）。

このことが、納骨堂をめぐる固定資産税の課税問題を複雑にしている。つまり、納骨堂が境内地・境内建物に該当するかどうかが、争点となってくるわけだ。

基準はグレー

納骨堂をめぐる港区のケース（2015年3月）を見てみよう。裁決書によると、このケースでは地上5階建て地下1階の納骨堂施設が問題になった。宗教法人は1953年設立。設立後50年以上がたった2009年に、法人の目的に「納骨堂事業」を追加した。その上で、納骨堂の3000以上の区画の使用権を第三者を通して販売した。販売条件については宗教を問わず、無宗教であっても契約できるとした。

課税された宗教法人からの不服申し立てを受けて審査した東京都は、事実関係を次のように整理した。

・納骨堂は、宗教を問わず使用されることが前提とされている。教義を広める

表3　お墓や宗教関連施設の種類

種類	概要	課税か非課税か
納骨堂	委託を受けて遺骨を一時的に収納する施設で、知事（市長や区長の場合も）の認可が必要。近年は永代で収納するケースも	？
墓地	遺体、遺骨を埋葬する施設。知事（市長や区長の場合も）の認可が必要	非課税
境内建物 境内土地	宗教の教義を広めたり、信者を教育する施設、土地	非課税

（出所）編集部作成

目的とは言えない。

・納骨堂事業は法人設立後50年以上が経過して追加された。納骨堂事業が、教義を広める一環として連綿と長期的に行われていたとは言えない。

これらの点から、東京都は納骨堂事業に利用されている部分については「境内地・境内建物と認められず非課税とすることはできない」と判断した。なお、このケースは審査結果を不服とした宗教法人が東京地裁に課税の取り消しを求めて提訴したが、請求は棄却された。

一方、動物供養施設が境内地・境内建物と認められ、非課税となったケースもある。

徳川家由来の「馬頭観音」を安置する回向院が東京都と争い、裁判に勝った例だ。課税取り消しを認めた東京高裁判決は、回向院が江戸時代から動物の供養をすることが世間に信仰の対象として広く知られており、定期的な法要をしていることを挙げて「宗教活動に欠かせない建物」と結論づけた。「宗教活動専用に使用しているか」という、活動内容の実質・実績を問う基準はグレーゾーンといってよいかもしれない。

5 制度比較　海外とはこんなに違う！ウェブで誰でも評価額を確認 米国、英国との情報開示に差

篠原二三夫（ニッセイ基礎研究所 土地・住宅政策室長）

固定資産税評価の方法や情報開示の姿勢は、米国、英国と日本とでは大きな違いがある。

日本の固定資産税を巡る問題として、固定資産の評価がどのようにして行われたのか、多くの納税者にとって分かりにくいことが挙げられる。特に、家屋（建物全般）の評価方式は、再建築価格方式（評価対象の家屋を、同じ場所に新築する場合に必要な再建築費を求めて、新築時からの経過年数に応じた「減点補正」

を行う評価方法）で行うことになっており、建築部材や設備機器など詳細にわたって査定者の判断が伴う。このため、その過程は納税者には分かりにくく、近くの他の類似物件の評価額との比較も年1度の縦覧の機会にしかできない。

欧米では一般的に、家屋は土地の〝改良物〟として扱われるため、土地と家屋は一体的に評価されることが多い。家屋を評価する際、再建築価格方式自体は日本だけに固有なものではなく、筆者の知る限り米国でもカナダでも採用されてきた経緯がある。ただ、どのように固定資産が評価されたのか、全体として納税者に分かりやすい仕組みになっており、透明性の確保にもさまざまな工夫を凝らしている。ここでは、米国や英国の制度と比較する形で、日本の固定資産税の問題点を考えてみたい。

プロの鑑定士が評価

米国の固定資産税（財産税）評価額は「時価」であり、その物件の評価は納税者だけが知るべき情報という考えはない。このため、誰でも税番号や物件の住所が分かれば、自治体の査定事務所のウェブサイトから、その物件の固定資産税評価額を知ることができる。納税者は近隣の住宅の評価と比較して、適切な課税評価が行われているかを確認できる。査定事務所によっては、納税者が評価に対して不満があれば、そのウェブ上でアピール（不服の申し出）ができ、その物件の過去のアピール履歴も簡単に見られる。

米国の不動産鑑定や固定資産税評価では、全米統一鑑定基準や国際鑑定基準にしたがって、信頼性と透明性の確保が重要なコンプライアンス（法令順守）要件となっている。固定資産を評価するのは自治体の査定局だが、評価のために責任ある意見を出すのは各州法に基づきライセンスを取得している経験豊かな不動産鑑定士である。さらに、自治体の査定官も規定の講習や資格認定を受けて査定額（＝課税標準額）を算出するし、民間から鑑定士を起用することも多い。一方、日本では、納税者自身の所有分など限られた固定資産の評価額しか役所で見られない。また、一定の業務経験はあっても専門家ではない自治体の職員が、評価を担当している現実がある。

米国の最近の不動産鑑定や固定資産税評価では、特殊な家屋の評価を除き、再建築価格方式による「原価法」は主流ではなくなった。原価法は、２００８年に崩壊した住宅バブル以前は比較的よく用いられていたが、不動産取引価格情報のデータベースサービス（ＭＬＳ）などが、不動産業者で作る全米リアルター協会を中心に整備され、全米で容易に取引価格が得られるように変化。こうしたことも背景に、現在の不動産鑑定では居住物件の多くは土地・家屋を一体として、近隣の類似物件の取引価格を参考に修正評価する「比較法」が中心となっている。

固定資産税評価でも自治体ごとの長年のデータ蓄積と大量査定システムの導入によって、比較法や直近の当該物件の取引価格を参照する査定に移行した。また、オフィスや商業施設のような土地・家屋の価値は、その物件からどれだけの収益が得られるかに依存する。米国ではこうした収益性の物件は、一般的に将来の収益を現在の価値に還元する収益（還元）法で土地・家屋を一体評価する。マンハッタンのような超高層物件があるニューヨーク市の場合、具体的に当該物件の評価に用いた賃料収入額や費用、適用した割引率を査定事務所のウェブサイトで開示し、納税者に対し必要ならアピールするように呼びかけている。

英国（イングランド）の固定資産税は居住用か否かで異なり、居住用物件に対しては住民税的な役割も併せ持つ地方税の「カウンシルタックス」が、非居住用物件には国税の「ビジネスレイト」が課せられる。こうしたカウンシルタックスやビジネスレイトの評価額は、査定局（ＶＯＡ）のウェブサイトから誰でも検索可能で、納税者は常に所有物件の評価が適正であるかどうかを判断して、不満があればアピールできるようになっている。現状では新築物件などすべての物件は網羅されてはいないが、郵便番号を入力すれば課税地区や街区単位のおおよその評価額が得られるため、納税者の物件と比較することも可能である。

60年間不変の税率

日本の固定資産税は1950年、日本の税制の問題点を指摘したシャウプ勧告を受け、地方自治体の自主財源を増やすため、地租、家屋税などの税を統合する形で導入された。当初は1・6％だった固定資産税の標準税率は、不動産取得税の導入（54年）に伴い、54年に1・5％、55年に1・4％に改正されたが、その後の社会・経済状況の大幅な変化にもかかわらず、驚くべきことに現在に至るまでの約60年間、一度も変わっていない。バブル崩壊後の税収を何とか支えたのは、納税者に分かりにくい評価額の部分なのである。

日本の現行の固定資産評価基準では、特に家屋を評価する際、複雑な過程を経なければならず、超高層ビルなどの大規模物件では固定資産税の評価額の決定に数年を要することもある。自治体側は納税者への適切な説明が難しい状態に追い込まれており、東京都は現在、土地・建物の取得価格を参考とした新たな評価の可能性も検討している。こうした家屋の評価を見直す動きは、長年にわたって課題を積み残してきた日本の固定資産税評価にとって大きな一歩である。しかし、評価を含めた課税情報にいつでも誰でもウェブサイトなどを通じてアクセスでき、評価の妥当性を容易に確認できる仕組みの構築は遅れている。

固定資産税の税収割合を主要国で比較すると、すでに日本は英国に匹敵する水準で、最も固定資産税負担が高い米国に次ぐ（**図11**）。固定資産税収が地方財政にとって重要かつ安定した財源であることは論をまたないが、納税者の固定資産税に対する負担感は決して軽くはない。

納税者の信頼を得るためには、固定資産税評価の方法の見直しとともに、固定資産税評価額やその算出根拠を誰でも見られるように開示することが欠かせないであろう。

図11　固定資産税（保有税）の総税収に対する割合

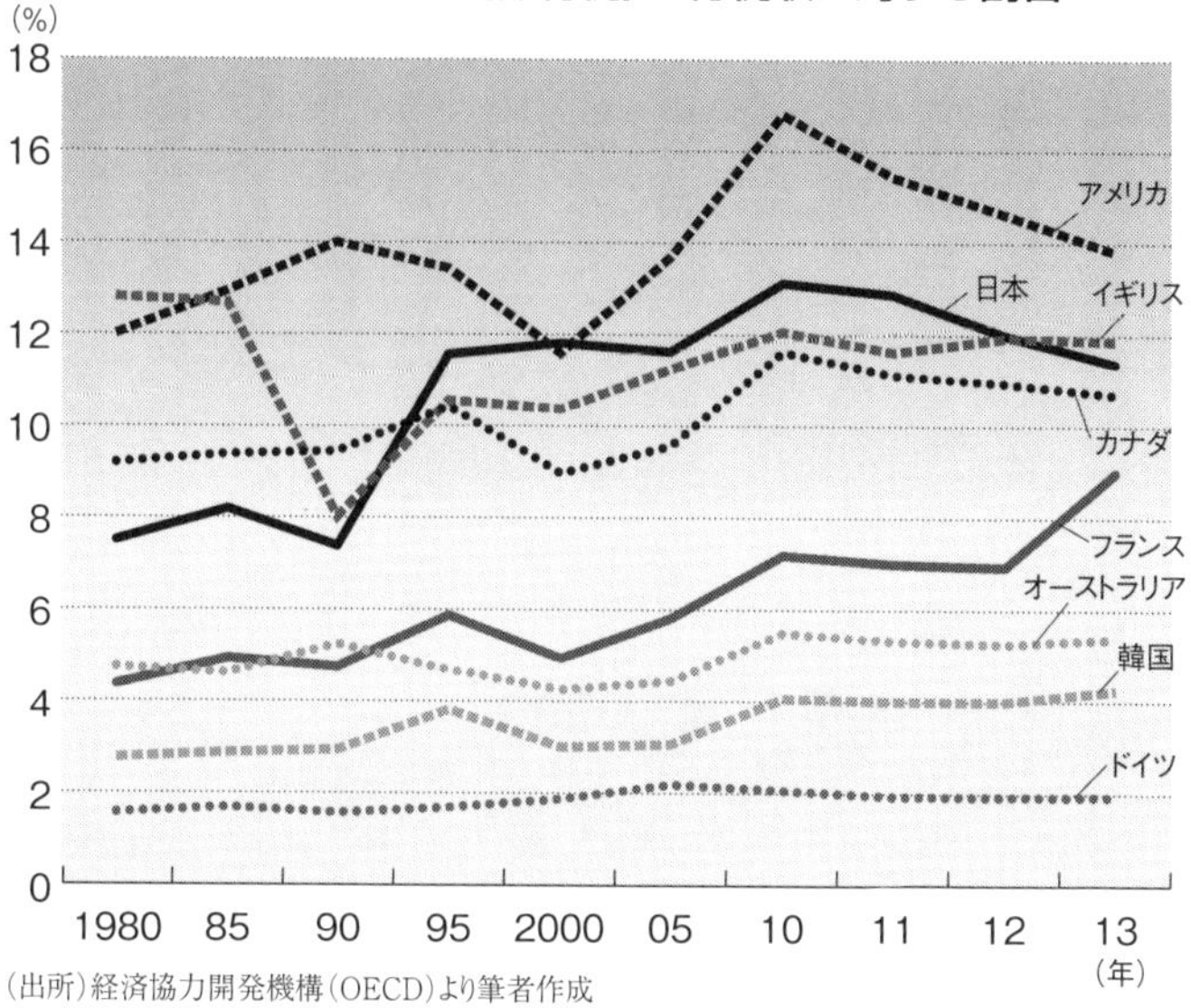

（出所）経済協力開発機構（OECD）より筆者作成

第三章

固定資産税を取り戻す方法の実例

1　鉄筋量の誤り、土地使途間違い…こうして取り戻した6事例

種市房子（編集部）

実際にはどのようなケースで固定資産税が見直されたのか、大規模ビルから個人用住宅まで幅広く紹介する。

その1　不要な増点補正

三菱地所が1993年、都内に地上30階建てのビルを建てた。東京都は「建設当時、20階建て以上の高層ビルは目新しかった」として、「工事には高度な技術を要し、工事費も高く、資産価値も高い」と判断した。そのうえで壁や柱、地盤部分の評価について、同種の建物より高くなるよう増点補正をして課税を

続けた。この結果2006年度の固定資産税評価額は251億円だった。三菱地所は評価額に異議を唱えて、審査を申し出たが却下、東京都を相手取っての提訴へ進んだ。13年に東京高裁は、一部について「特別に高度な技術は必要ない」として、増点補正を取り消すよう命じた。評価額は248億円に引き下げられた。

ポイントは増点補正だ。増点補正は、複雑な建築で特殊工事をした場合に、評価点を1・1〜1・3倍程度増やすこと。評価基準では、たとえば「事務所や百貨店建物で基礎工事の『施工の程度がいい』場合は1・2倍の増点補正をする」と定めている。

しかし「施工の程度がいい」という基準には主観が入る。さらに「1・2倍」という定めはあくまでも目安。評価員の裁量で2倍にも3倍にもすることが可能だ。実際に、ある税理士が東京都港区の事業用ビルオーナーに依頼されて調べたところ、ビルの一部評価額が「7倍」に増点補正されていたケースもあった。

つまり増点補正は、幅広い解釈が可能で、実際の運用は評価員に任されている。都市圏で建設ラッシュの超高層ビルでは増点補正がブラックボックス化しており注意が必要だ（図12）。

その2　資材量を過大評価

ＲＥＩＴが有する超高層ビルで、柱や基礎部分に使われている鉄筋やコンクリートが実際より多くカウントされて評価されていた誤りが見つかった（119ページ図13）。

固定資産税評価では、柱、梁、壁、階段などの「主体構造部」に使われる鉄筋やコンクリートは評価点が高い。地方自治体の評価員は、物件の所有者から見積書と設計書の提出を受ける。その二つの資料を基に「基礎部分には鉄筋○トン、コンクリート○トンが使われた」と計算する。

東京都は工事見積書に書いてある鉄筋やコンクリート総量のうち、飾り用の

図12　不透明な増点補正

（出所）編集部作成

柱や間仕切りなど主体構造部ではない部分に使われる量まで、主体構造部に使われているとして高評価点を付けていたのだ。

建築コンサルタントが設計図を丹念に調べて、主体構造部に使われている鉄筋やコンクリートの量を計算。東京都に提示したところ、ミスを認めて5年分で数千万円が還付された。

その3　建物と設備を二重課税

牛丼大手「松屋フーズ」の嵐山工場（埼玉県嵐山町）の水道やエレベーターについて、家屋と一体で課税しながら、償却資産としても別途課税していた。通常は、水道、エレベーター、ガス設備のほか、スプリンクラー、内装も家屋と一体として固定資産税がかかり、償却資産としては課税されない（121ページ**図14**）。

二重課税は97～10年度の14年間に及んでいた。同社が重複分の返還を請求し

図13　複雑な資材量算定

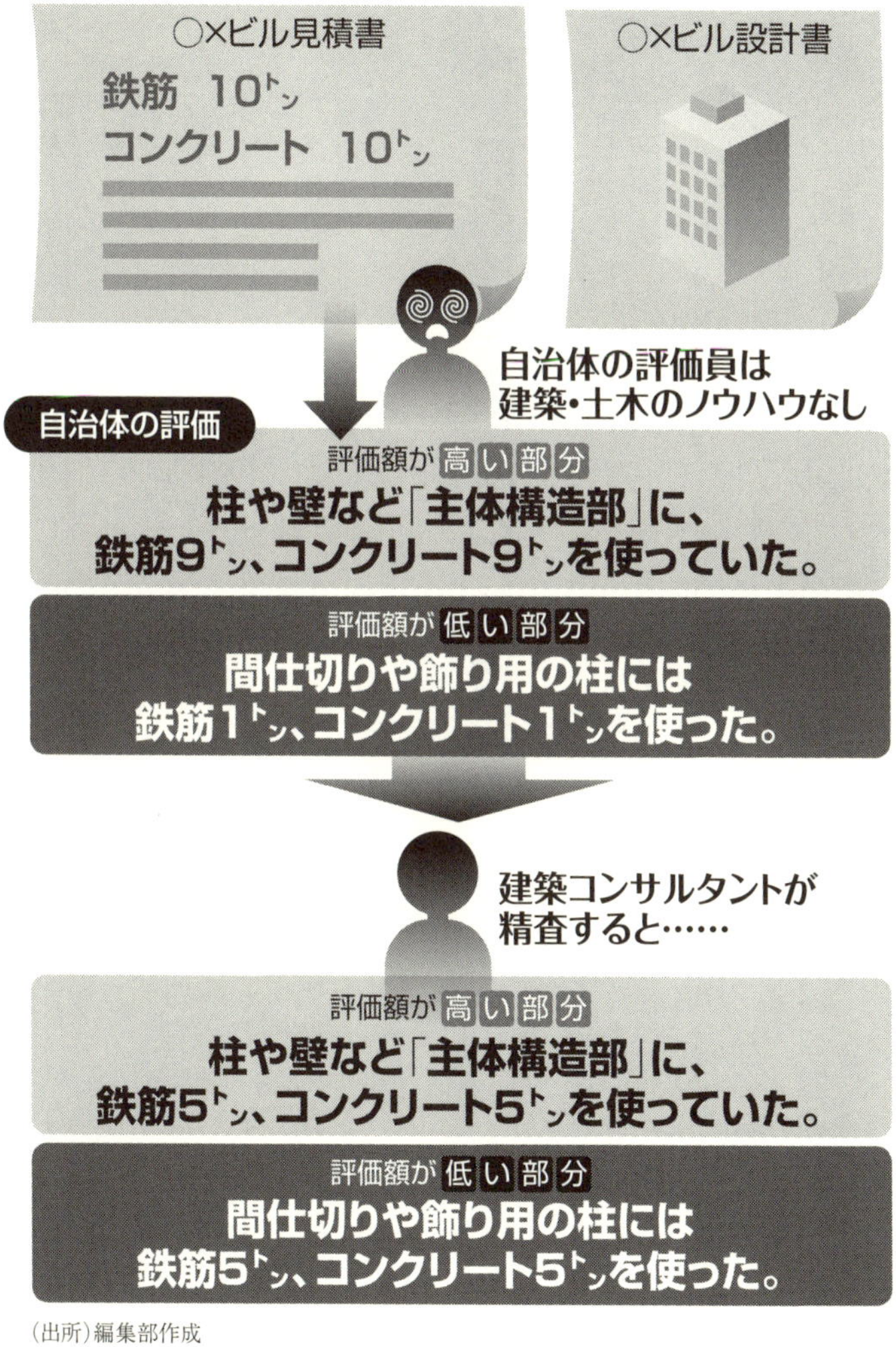
○×ビル見積書
鉄筋　10トン
コンクリート　10トン
○×ビル設計書
自治体の評価員は
建築・土木のノウハウなし
自治体の評価
評価額が高い部分
柱や壁など「主体構造部」に、
鉄筋9トン、コンクリート9トンを使っていた。
評価額が低い部分
間仕切りや飾り用の柱には
鉄筋1トン、コンクリート1トンを使った。
建築コンサルタントが
精査すると……
評価額が高い部分
柱や壁など「主体構造部」に、
鉄筋5トン、コンクリート5トンを使っていた。
評価額が低い部分
間仕切りや飾り用の柱には
鉄筋5トン、コンクリート5トンを使った。

（出所）編集部作成

て提訴。町が、弁護士費用や固定資産税の還付など計2億2000万円を支払うことで和解した。

償却資産は持ち主が申告するのが原則だ。松屋が「うちの償却資産は水道とエレベーターです」と誤って自己申告したのも事実だ。しかし、松屋の申告をうのみにした町の責任も問われた。町は結局、家屋と償却資産の振り分け精査が足りなかったのが誤徴収の原因だったと認めた。

その4　廃業後も事業所として課税

首都圏郊外で造り酒屋を営んでいた民家兼酒蔵があった。造り酒屋は20年前に廃業し、かつての蔵や杜氏の詰め所は物置や居住スペースに変更した。居住空間に変更しても、造り酒屋独特の高い塀で囲まれており、外部からは廃業したのか判然としない。このため、土地は、課税標準額が軽減される住宅用地としてではなく、一部は事業所のまま課税されていた。

図14　償却資産振り分けに誤りも

（出所）編集部作成

別件で相談を受けていた不動産に詳しいコンサルタントが「住宅なのに何でこんなに固定資産税が高いのか」と不審に思ったことで問題が発覚。所有者が市役所に「現状は居住用にのみ使っている」と伝えた。

これを受けて市役所は、住宅用地だという申告書を出すよう要請。所有者が申告手続きをした結果、年間30万円の固定資産税が減免され、５年分の固定資産税など３２０万円超が還付された（**図15**）。

「１階がたばこ店、２階が居住スペース」など、かつて事業所兼民家だったが廃業した場合は、自治体に届け出て、小規模住宅の減免措置を受けるのがいい。

その5　地目に誤り

東京郊外の市で３０００平方メートルの雑木林を数十年間所有する資産家がいた。この雑木林を利用しておらず、収入はゼロなのに固定資産税は毎年１００万円かかる。ただ、他に所有する不動産の収入でまかなっていた。

図15　使途によって税額ダウンも

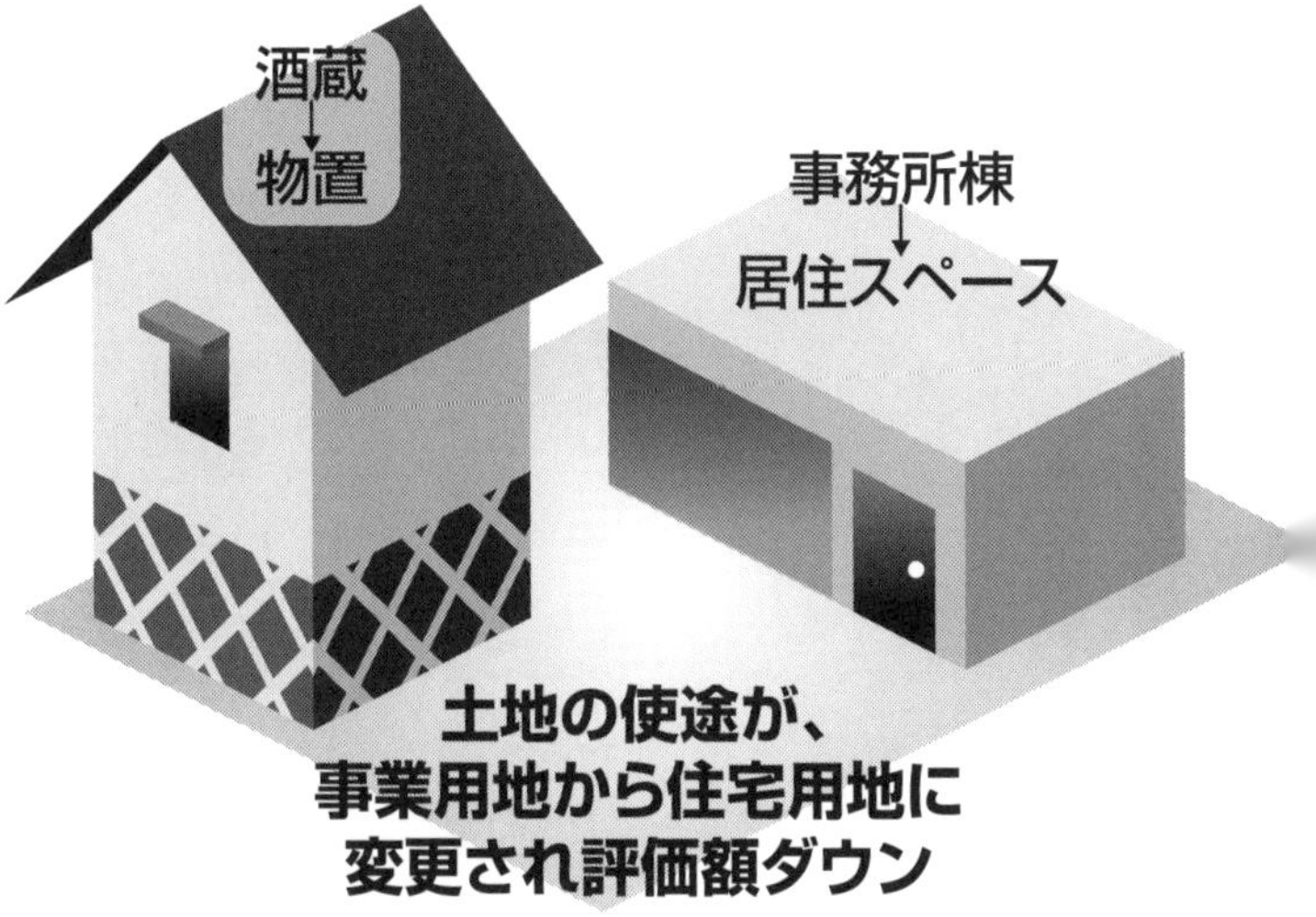

（出所）編集部作成

「何とかならないか」と相談された顧問の財産コンサルタントが調べたところ、評価額が高くなる「雑種地」で地目登録されていた。雑種地とは、農地、宅地、鉱泉地、池沼、山林、牧場、原野のいずれでもない土地のことで、資材置き場や駐車場、利用の当てのない土地の総称だ。

数十年前、樹木が生えていないときに、市役所が現地調査をした結果「雑種地」と登録されて、そのままだったらしい。

市役所に「現状と、登録している地目が違う」と指摘したところ、担当部署が現地を調査した。所有者が保存していた10年以上前の現地写真からも、当時から雑木林だったことが確認された。このため、市役所が誤りを認めて、地目を「介在山林」(宅地や農地の中にある山林)に修正した。

多くの自治体では、誤徴収の還付は5年に限っている。しかし、この市は10年分の固定資産税など500万円を還付した。また、毎年の固定資産税額も半分近くに減った。

自治体任せにせず、所有者自ら課税明細書に記載されている地目を確認し、必要ならば変更を申請することが肝要だ。

その6　地蔵堂は減免される

庭の一角に地蔵堂がある地方都市の民家。土地が一律で課税されていた。地蔵堂は路面に面して、地域住民もお参りする公共性の高いもの。評価基準では地蔵堂は評価額が3分の1に減免される。税理士のアドバイスで所有者が市に指摘したところ、5年間で5万円あまりが還付された。

2 審査請求、裁判……こうやって戦った！
誤りをなかなか認めない行政の壁
丁寧な証拠の収集が不可欠

横山渉（ジャーナリスト）

固定資産税を巡る市町村の対応はあまりに不誠実だ。実際に納税者が争った二つのケースを取材した。

1 神奈川県伊勢原市のケース
「適正に評価」から一転、謝罪の記者会見

神奈川県伊勢原市は2015年7月、同市高森5丁目の分譲団地「東高森団地」の22棟600戸について、42年間にわたって固定資産税と都市計画税を過

大徴収していたと発表した。課税対象である床面積を誤って算出していたのが原因だ。

過大徴収は神奈川県内に住む男性、Aさんが、同年5月に指摘したことから発覚した。Aさんはこの団地の一室を数年前に取得したが、「東高森団地の他の部屋の売買価格などから逆算しても、固定資産税額が高いような気がしていた」のが、誤りを指摘したきっかけだ。

東高森団地は4万8000平方メートルの敷地内に22棟が並ぶ日本住宅公団（現・UR都市機構）の分譲住宅で、1973年に分譲開始された。各戸の専有床面積はすべて同じ48・98平方メートルだ。これに対し、伊勢原市から毎年送られてくる固定資産税の課税明細書では、床面積が63・39平方メートルとなっていた。

集合住宅の場合、共用部分の床面積が加算されるので、課税対象面積が専有面積より広くなることは別におかしくない。だが、15年は3年に1度の固定資産税の評価替えの年だったため、Aさんは自分で資料を集めて調べてみた。

まず、登記簿などで1棟（5階建て）の建物全体の面積を調べてみると、2

２０５平方《メートル》だった。この棟は40戸に区分されているので、１戸当たりの共有部分も含めた面積は55・１２５平方《メートル》となる。固定資産税課税明細書に記された床面積は63・39平方《メートル》なので、実際の１戸当たりの面積より約８平方《メートル》も大きい。

なお、別棟の管理事務所や集会場の固定資産税は、別建てでAさんを含む各戸の所有者に課税しており、こうした管理事務所などの面積が各戸の床面積に加算されている可能性もないはずだ。

バルコニーで誤り

なぜ、約８平方《メートル》もの面積の違いが出るのか。Aさんは15年５月、伊勢原市の担当課を直接訪れ、自ら集めた資料も基に、面積の違いについて説明を求めた。しかし、市の担当者は「適正に処理している」の一点張り。Aさんの質問にはまともに答えられず、しどろもどろの対応に終始した。

42年間にわたって固定資産税が過大徴収されていた神奈川県伊勢原市の東高森団地

納得できないAさんは、すぐ市の固定資産評価審査委員会に審査を申し出た。審査の申し出と同時に、市に面積の違いについて書面での回答を求めたりもしたが、対応は変わらない。

Aさんが動き出して約2カ月後の7月10日、市は固定資産税などを過大徴収していたことを突然認めた。同日には宍戸晴一副市長らが記者会見し、「市民にご迷惑をおかけしただけでなく行政への信頼を損ねることになり、申し訳なく思っています」と謝罪している様子がテレビのニュースでも放送された。記者会見とほぼ同時に、Aさんの元へも市から誤りを認める連絡が来た。

市が誤っていた原因としたのは、本来は壁面の一方が腰の高さの壁（腰壁）または手すりで囲まれ、上部に屋根部がないバルコニーは、建物の課税床面積に含まれないのに、こうした各戸のバルコニーも課税床面積としていたことだった。バルコニーの広さは約8平方メートルで、Aさんが指摘した面積の違いに相当する。

市が誤りを認めたことで、Aさんはほどなく審査の申し出を取り下げた。市は結局、団地の見取り図など課税の根拠となる資料が保存されていなかったことも認め、Aさんに文書で回答した。市がしどろもどろの対応に終始したのは、こうした課税の根拠となる資料がなかったからにほかならない。

この件で過大に徴収された固定資産税と都市計画税は、73年度から15年度の累計で1戸あたり約18万4600円、総額で1億1000万円余りにものぼった。伊勢原市は、固定資産課税台帳が保管されている86〜15年度分を還付することとし、還付金は1戸当たり平均14万1600円、総額では8250万円となる。これに、利子に相当する加算金6330万円も加えて還付することを決めた。

また、15年度以降は修正した税額で課税されることになった。1戸当たりの固定資産税は2万3600円（変更前は2万7200円）。1戸当たりの都市計画税は3300円（変更前は3800円）。合計で4100円の減額だ。

大荒れの説明会

市は2015年7月14日、団地に住む600世帯を対象に住民説明会を行い、あらためて直接謝罪した。しかし、市の説明に納得できないという住民が多く、会場は大荒れとなった。税金を余分に取られていた怒りはもちろんのこと、それ以外の事情もあった。実は、団地内には以前から固定資産税額について疑問を抱く人たちがいて、市の担当課に問い合わせをする人もいたが、いずれも相手にされず引き下がるしかなかったという。

また、市が税金を取り過ぎたのは73年度からだが、還付するのは課税台帳が保存されている86年度分からという点についても、住民側には不満が残った。市は86年度以前の分についても、税金を納付したという書類（領収書）を提示すれば返金するとしたが、それだけ古い書類を保存している人はまずいない。市側の勝手な事情に振り回されているという住民たちの怒りが根底にあった。

伊勢原市議会の16年6月定例会で、東高森団地の固定資産税過大徴収問題を追及した土山由美子市議は、こう語る。

「住民の多くは、固定資産税台帳が残っている86年度以前の分も返して欲しいというのが本音ですが、皆さん高齢化しているので、妥協したのです。領収書がなくても、住民票や登記簿でチェックできるはずなので、その作業を検討するよう議会で質問したのですが、市側は『納税したという証拠が必要』と答弁していました。新築で入居して、86年度までに売却した住民もいるはずですが、その人には1円も戻ってこないのですから、納税への真面目な姿勢に水を差すことになってしまいます」

42年もの長い間、課税の誤りが続いたことについて、伊勢原市資産税課は「建物は新築で完成したときに一度評価すると、増築による床面積の変更などがない限り、基本的には再評価しませんでした。ミスの再発防止策として、今後は複数の職員によるチェック体制でしっかりやっていきます」と話す。

ただ、チェック体制の強化は一歩前進だが、主に新築物件と増改築物件が対象のようだ。今回の評価ミスを受けて、市内の建築物すべてを対象に再評価する予定はないのかを尋ねると、「マンパワー的に現時点では難しい」とのことだった。人口約10万1700人の伊勢原市で、資産税課の職員は15人。人手が足りないことは明らかだが、同じような課税ミスが生じていないとも限らない。行政側が自主的に既存物件の評価の誤りを見つけるのは、ほとんど期待できない。

Aさんが伊勢原市に誤りを認めさせることができたのは、自ら資料を集めて具体的に誤りの可能性を指摘したことだ。「漠然と『固定資産評価額が高すぎる』と市町村に不満を言っても、うまくかわされてしまうだけ。具体的に誤りの可能性を指摘して、市町村側に誤りでないとする根拠資料の提出を求め、文書で回答するようにしてもらうといいでしょう」。

「文書の回答を求めたのは、もし今後、固定資産評価をめぐる裁判に発展した場合、裁判上の有力な証拠にもなると考えたからです。市町村側にとっても、文書となるといい加減に回答するわけにもいきませんから、強いプレッシャーとなるはずです」と振り返った。

2 東京都府中市のケース　市への不信感で、終わりのない争いに

東京都府中市の車返《くるまがえし》団地では、固定資産税の評価替えの年だった2009年7月、土地の評価額をめぐって団地の住民が市の固定資産評価審査委員会に審査を申し出、2014年9月に最高裁で市の上告が棄却されるまで、5年あまりにわたって住民と市が争った。しかし、市側が敗訴を受けて15年、新たに土地を評価しなおしたが、それでも新たな評価額は住民にとって納得のいかないものだった。市が住民に十分な説明責任を果たせておらず、住民にあまりに重い負担を強いている。

京王・京王線の武蔵野台駅南側に広がる車返団地。日本住宅公団（現・UR都市機構）が開発し、1979年3月から入居が始まった。1～3街区に分かれ、戸数は全部で1820戸。1街区と3街区は分譲の5階建てで、2街区のみ11

階建ての賃貸物件となっている。市と土地の評価額をめぐって争った1街区の住民の男性、Nさん（78）はこう語る。

「03年ごろから団地の建て替え運動が起きました。狭い間取りで5階建ての古い建物にエレベーターもないため、高齢化している住民には不便になってきたからです。市の都市整備部に話をすると『団地には建ぺい率20％・容積率80％の建築制限があり、建て替えは100年先の話』とはぐらかされてしまいました。それほど建築制限が厳しいなら固定資産税の土地の評価額も低いのではないかと調べたところ、団地周辺の緩やかな『建ぺい率60％・容積率200％』で土地が評価されていたことが分かったのです」

建築制限が考慮されず

車返団地は府中市が都市計画法上の「一団地の住宅施設」に指定し、「良好な居住環境を確保すること」を目的に、「建ぺい率」は20％、「容積率」は80％

と厳しく制限している。建ぺい率とは、敷地面積に対する建築面積（建坪＝建物の1階部分の面積にほぼ相当）の割合で、容積率とは敷地面積に対する建物の延べ床面積の割合のことを指す。

団地住民の建て替え運動では、建て替えに必要な住民の５分の４の賛同も得た。しかし、こうした厳しい建築制限では、建て替え後も大きな建築物は建てられず、建て替えに伴う巨額の費用が回収しにくくなる。府中市のこうした説明に、建て替え運動は08年に頓挫していた。

一方、団地周辺の地域一帯は、府中市が都市計画法の「第一種中高層住居専用地域」（建ぺい率60％、容積率２００％）に定め、これに従って市は団地1街区の土地を09年、1平方メートル当たり16万４５６０円と評価していた。建築制限の違いは当然、土地の評価額に跳ね返らなければおかしい――。そう考えたNさんは、09年7月、市の固定資産評価審査委員会に審査を申し出たが、10月にあっさりと申し出は棄却されてしまった。

差し戻し審で勝訴

納得のいかないNさんらは翌10年3月、東京地裁に審査委員会の決定取り消しを求めて提訴。1審は同年9月に棄却され、2審の東京高裁判決でも11年10月に棄却。最高裁へ上告すると、最高裁は13年7月、2審判決を破棄して差し戻した。2審判決では、府中市の決めた土地の固定資産税評価額が、地方税法で定める固定資産評価基準にのっとっているかどうかを判断しておらず、審理が不十分だとしたためだ。

差し戻し審となった東京高裁は14年3月、土地の固定資産税評価が適切になされたとはいえないとし、府中市の固定資産評価審査委員会の決定を取り消す、原告勝訴の判決を言い渡した。固定資産評価基準にしたがい、建築制限を土地の評価額の減価要因として考慮すれば、府中市の決めた評価額よりも下回るはずだと結論づけたのだ。府中市はこの判決を不服として最高裁へ上告したが、同年9月に棄却され、判決が確定した。市の固定資産評価審査委員会に審査を申し出てから、実に5年以上が経っていた。

しかし、府中市が敗訴した後、住民側に還付されたのは1戸当たり約8000円。09～14年度の6年分の総額だ。Nさんは「市と争う費用対効果が悪すぎる」と漏らし、次のように話す。「税金を取り戻すことだけを目的に活動してきたのではありません。疑問に思ったことに対し、市は真摯《しんし》に答えようとしなかった。課税ミスをしておきながら、それをどこまでも押し通そうとしたから裁判になったのです」

再評価額にも「疑問」

府中市の車返団地をめぐる訴訟の対応をめぐっては、市議会でもたびたび取り上げられている。杉村康之市議は「住民から申し出のあった最初の段階で、もっと丁寧に住民の声に耳を傾けていれば間違いに気づくことができ、今回のようなおごとにならなかったのではないか」と指摘する。また、府中市では現在、固定資産評価審査委員会の委員報酬を引き上げる案が出ているという。杉村市議は「判決で決定が取り消されている委員会であり、なぜ取り消されるような決定をしたのかという検証のほうが先でしょう」と疑問を呈する。

車返団地の住民の固定資産税に対する不信は、これでも終わらない。15年の評価替えで新たに示された土地の評価額は、09年の評価額に比べて6％しか減っていなかった。府中市資産税課は「裁判では、適切な比率で（評価額を）減価するようにという判決を受けたが、それがどのくらいの減価幅なのか具体的に示されていない。府中市では過去にこうした事例はないため、他の自治体のさまざまな事例を踏まえ、6％を減価する補正をした」と説明する。

建ぺい率20％・容積率80％の建築制限を考慮すれば、本来はもっと評価額は低いはずなのではないか――。Nさんの主張に賛同する車返団地の住民約200人は15年夏、「固定資産税納税者の会」を結成し、15年の評価額について市の固定資産評価審査委員会へ審査を申し出た。申し出は今年7月に棄却されたが、新たな訴訟を起こすには費用がかかるため、ためらっている。住民の市に対する不信感は、終わりの見えない訴訟へと突入し、住民の負担ばかりが増している。

＊本書は、『週刊エコノミスト』２０１６年６月７日号、特集「固定資産税を取り戻せ！」を元に加筆・編集したものです。

執筆者紹介
遠藤 純一
篠原 二三夫
横山 渉

週刊エコノミスト編集部
桐山 友一
種市 房子

固《こ》定《てい》資《し》産《さん》税《ぜい》を取《と》り戻《もど》せ！

印刷日　2016年7月25日
発行日　2016年8月10日
編者　週刊《しゅうかん》エコノミスト
発行人　黒川昭良
発行所　毎日新聞出版
〒102-0074
東京都千代田区九段南1-6-17 千代田会館5F
営業本部　03-6265-6941
図書第二編集部 03-6265-6746
印刷・製本　中央精版
ISBN978-4-620-32404-3
© Mainichi Shimbun Publishing Inc. 2016 Printed in Japan
乱丁・落丁はお取り替えします。
本書のコピー、スキャン、デジタル化等の無断複製は
著作権法上での例外を除き禁じられています。